부처는 이렇게 말했다

원점에서 다시 보는 불교

서양철학 전문가의 동양철학 풀어 읽기
괴로움의 바다를 건너는 사유의 항해학

부처는 이렇게 말했다

원점에서 다시 보는 불교

이수정 지음

철학과현실사

일러두기

1. 본문은 3부, 총 50꼭지로 구성된다. 1부는 《초전법륜경》 해설, 2부는 《반야심경》 해설, 3부는 《경전모음》(*Suttanipata*) 등의 해설에 해당한다.
2. 서술은 학문적 논술이라기보다 철학 에세이 형태를 취했다. 이것은 나의 일관적 학문적 전략이다.
3. 《초전법륜경》은 인터넷에 유포되어 있는 팔리어 원문과 발음, 그리고 각묵스님의 번역과 전재성 박사의 번역을 대본으로 삼았다. 부록에 있는 두 분의 번역을 대조하며 읽기 바란다.
4. 《반야심경》은 현장법사의 한역본과 대한불교조계종의 공식 한글 번역을 대본으로 삼았다. 산스크리트어 원문은 인터넷에 유포된 것을 전재했다.
5. 《경전모음》은 인터넷에 유포되어 있는 법정스님의 번역에서 인용했다. 번역하신 분들께 존경과 감사를 전한다.

책머리에

인류의 역사 한 줄기에 이른바 '불교'라는 것이 있다. 무려 2천 수백 년간 그것은 지속되어왔다. 그 영향의 크기와 범위는 한때 대단했던 저 제국들을 넘어선다. 이런 건 절대 우연일 수 없다. 그만한 뭐가 거기에 있는 것이다. 그게 뭘까? 궁금하다. 그래서 나는 작심하고 물어본다. 불교란 무엇인가? (이건 철학자의 '고유 업무'이기도 하다. 철학이 이런 걸 다루지 않으면 직무태만이고 직무유기다.)

불교란 '부처의 가르침'이다. 부처란 무엇인가? '붓다'(Buddha) 즉 '각자'(覺者), 깨달은 사람이다. 깨달았다? 무엇을? 그게 중요하다. 깨달았다는, 즉 알게 되었다는 그 내용이, 그가 '진리'라고 부르는, '지혜'라고 부르는 그 내용이, 그게 중요한 것이다. 부처는 사람들이 기도하는 소원을 뭐든 들어주는 무소불위의 능력자-절대자가 아니다. 신이 아닌 것이다.

기독교에서 보면 부처도 신의 피조물이요 불교에서 보면 예수도 잠재적인 부처다. 기독교와 불교가 싸울 필요가 없는, 싸워서는 안 되는 이유가 바로 거기에 있다.

나는 여기서 이른바 종교로서의 불교가 갖는 온갖 장식을 다 걷어내고 오직 순수한 알맹이만 드러내려고 했다. 그래서 그 제대로 된 빛을 더욱 빛나게 하고 싶었다. 여기서는 모든 절간도 탑들도 다 허물고, 모든 경전도 가사도 다 태우고, 모든 사리도 목탁도 다 부수고, 오로지 그의 말만을 남기고 싶었다. 2천 수백 년 전 저 보리수 아래가 그랬던 것처럼. 그래서 최초의 설법인 《초전법륜경》과 핵심적 정수인 《반야심경》을 기본 텍스트로 선택한 것이다.

그런데 이 경전들에도 사실 장식이 너무 많다. 관세음보살의 등장부터가 그렇다. (아미타불도 미륵불도 사실은 마찬가지다.) 그것들도 다 잘라버렸다. 삭둑삭둑 다 잘라버리고 핵심의 핵심들만 들여다봤다. 그야말로 사리 같은, 진주 같은 단어들…, 이를테면 제행무상, 제법무아, 일체개고, 열반적정 그런 것들, 고집멸도 그런 것들, 생로병사 그런 것들, 정견-정사-정어-정업 […] 그런 것들. "이것이 있으므로 저것이 있다"는 연기(緣起) 그런 것들, 오온개공 그런 것들, "가자 가자 건너가자" 그런 것들, 그게 불교 즉 부처의 가르침, 그가 깨달은 내용의 근간이었다. 나머지는 다 방편 혹은 장식들이다. 지구를 도는 달 같은 것이고, 달을 가리키는 손가락 같은 것이다. 혹은 선반의 꿀단지를 내리기 위한 사다리 같은 것이다. 주(主)가 아니라 부(副)다. 중요한 것은 결국은 '주'다.

나는 이 소박한 책이 저 2천 수백 년 전 보리수 아래 앉아 있는 청년 고타마 싯다르타에게로 사람들을 안내하는 이정표가 되기를 희망한다. 혹은 거기까지 태워다주는 한 마리 코끼리가 되기를 희망한다. 행선지는 녹야원이어도 좋고, 또 죽림정사여도 기원정사여도 좋다. 거기에 그가 와 있기만 하다면.

단, 그에게로 가는 이 길에는 한 가지 절대적인 조건이 있다. '고통의 인식'이다. 삶이 마냥 즐겁고 행복하기만 한 사람에게는 불교가 필요 없다. '괴롭다!'고 느낀다면 하여간 이 길을 한 번쯤은 가볼 만하다. 최소한 그 괴로움의 정체는 알게 될 것이다. 물론 마지막은 자신의 선택이다. 고통의 원인인 그 뭔가를 버리고 비우고 내려놓는 것이다. 그러면 거기 고통의 출구가 보일 것이다.

그냥 지적인 호기심이라도 괜찮다. 나는 그런 종류를 썩 높이 평가하지는 않지만, 세상에 가득한 저 질척한 욕망의 추구나 살벌한 싸움질보다는 백배 낫다고 생각한다. 힘들게 살며 고통을 느끼고 있는 세상의 모든 사람들(중생들)에게 따뜻한 위로와 함께 부처의 자비가 비처럼 내리기를 축원한다.

2020년 가을 서울, 세속의 한가운데에서

이수정

차 례

제1부 《초전법륜경》의 음미

제2부 《반야심경》의 음미

부록

제 1 부

《초전법륜경》의 음미

01. 두 가지 극단과 중도

여기 예사롭지 않은 30대의 한 젊은이가 있다. 사람들은 그를 석가모니라 부르기도 하고 여래라 부르기도 한다. 세존이라 부르기도 하고 부처라 부르기도 한다. 그가 꼰단냐를 비롯한 다섯 남자를 앉혀두고 뭔가 진지한 이야기를 시작한다. 그의 말을 들어보자.

dveme, bhikkhave, antā pabbajitena na sevitabbā. Katame dve? Yo cāyaṃ kāmesu kāmasukhallikānuyogo hīno gammo pothujjaniko anariyo anatthasaṃhito, yo cāyaṃ attakilamathānuyogo dukkho.

비구들이여, 출가자가 가까이하지 않아야 할 두 극단이 있다. 무슨 둘인가?

그것은 저열하고 촌스럽고 범속하고 성스럽지 못하고 무익한 감각적 욕망들에 대한 쾌락의 탐닉에 몰두하는 것과, 괴롭고 성스럽지 못하고 무익한 자기학대에 몰두하는 것이다.

비구들이여, 이러한 두 극단을 의지하지 않고 여래는 중도(中道)를 완전하게 깨달았나니…

그가 이른바 깨달음을 얻은 후 맨 처음 입 밖에 낸 말이다. 《초전법륜경》(*Dhammacakkappavattana-sutta*)에 기록되어 있다. 사람의 말이지만, 그냥 말이 아니다. 보통 말이 아니다. 이런 건 음미가 필요하다. '중도'(中道, Majjhimāpaṭipadā)에 관한 이야기다.

나의 40여 년 철학 공부를 뒤돌아보면 한 가지 특이한 사실이 눈에 들어온다. '가운데'를 가치로 삼는 철학이 있고 나 자신 알게 모르게 그것을 수긍해왔다는 것이다. 평소에도 가급적 어느 한쪽에 치우치지 않으려 하고 있으니 어쩌면 나도 모르게 그것이 체화되어 있는 건지도 모르겠다. '가운데'의 가치에 대한 납득, 인정, 동조 … 그런 게 있었을 것이다. 불교에서 말하는 중도, 유교에서 말하는 중용(中庸), 아리스토텔레스가 말하는 중간(mesotes: 알맞음)이 대표적이다. (단 이런 가치는 단순한 학문적 추상이 아니라, 지나침과 모자람, 혹은 치우침이 갖는 현실적인 문제 내지 폐해에서 생각할 때 비로소 의미를 갖는다.)

아리스토텔레스의 그것은 '지나침과 모자람의 중간'이라는 점에서 상대적으로 좀 이해하기가 쉽다. 유교의 중용도 과도와 불급이 아닌 '보통'의 가치(過猶不及)를 말하니 기본적으로는 엇비슷할 수 있다. 다만 '무엇'이 지나치고 모자란가 하는 그 실질적 내용은 좀 유동적이다. 구체적인 문맥에 따라 판단해야 한다.

그런데 불교의 중도는 막연히 뭔가 좀 복잡하고 어려워 보인다. 그런 인상 내지 선입견이 있다. (어쩌면 우리가 어려운 한어를 통해서 불교를 접했기 때문인지도 모른다.) 그러나 실은 그렇지 않다. 의외로 아주 단순명쾌하다. 위의 인용에서 확인되듯, 그것은 두 극단을 가까이하지 않는 것, 멀리하는 것이다. 극단적인 이쪽도 아니고 극단적인 저쪽도 아닌 것이다. 부처는 친절하게도 그 극단이 무엇인지도 분명히 말해준다. ① '감각적 욕망들에 대한 쾌락의 탐닉'과 ② '자기학대'(=고행), 이 두 가지다. 그리고 왜 이것을 가까이하지 않아야 하는지, 멀리해야 하는지 그 이유까지도 분명히 말해준다. 이 두 가지가 다 '저열하고 세련되지 못하고 범속하고 성스럽지 못하고 무익한' 것이기 때문이다. 그딴 짓 해봤자 고통스럽기만 하고 아무 쓸데없다는 말이다. (즉, 고에서 벗어나는 득도 해탈에 아무 도움이 안 된다는 말이다.) 이게 수준 낮은 짓임을 그는 단언하고 있다.

이것은 또 모든 경우에 다 해당하는 일반적인 혹은 추상적인 가치도 아니다. 그 적용 범위랄까 경우가 또한 분명하다.

비구들(즉 수행자 내지 출가자)에게 요구되는 가치요 수행 지침인 것이다.

이미 유명한 바이지만 이건 부처 본인의 삶과 수행 경험에서 우러나온 일종의 귀납적-체험적 진리 같은 것이다. 그는 실제로 설산에 들어가 6년간이나 다른 종파들처럼 온갖 고행을 다 해봤고, 그러다가 기진해 쓰러졌고 수자타의 우유죽을 받아먹고 기운을 차렸고, 그러고 나서 보리수 아래 가부좌를 틀고 사유에 매진해 마침내 깨달음에 이르렀다. 이 사실은 웬만큼 불교에 관심 있는 사람이라면 다 알고 있다. 고행으로 피골이 상접한 부처의 모습과 수자타의 공양을 받는 모습도 그림이나 조상 등으로 쉽게 확인할 수 있다.

한편 그가 감각적 욕망 내지 쾌락을 탐닉했는가 어떤가는 좀 불명이지만, 그런 걸 모르지 않았다는 건 틀림없다. 그가 실제로 결혼을 했고 아내(야쇼다라)와의 사이에 아들(라훌라)이 있었다는 객관적 사실을 보면, 적어도 출가 전엔 그것과 아예 무관하지 않았다는 게 쉽게 확인되는 것이다. 감각적 욕망이라는 그런 보편적 본능과 그 관련 기능이 정상적으로 작동했다는 확실한 증거니까. 또 왕자로서 춤과 노래로 가득한 주연에도 자리한 적이 있다. 비록 그 시선은 부정적이었지만. 그 파티 후의 감상에서 그걸 유추할 수 있다.

"여인의 참모습이 이처럼 추하고 불완전한데, 남자들은 다만 옷치장과 꽃단장에 속아서 욕망에 떨어지는구나."[1]

그도 알 건 다 알고 할 건 다 해봤다는 이야기다. 그래서 그런 게 다 수행에 도움 되지 않는다는 걸, 아니 방해가 된다는 걸 경험적으로 깨달았던 것이다. 그래서 감각적 욕망 내지 쾌락에 관한 부처의 이 언급도 아주아주 너무너무 현실감이 있다.

나는 명쾌한 이 두 가지 사실을 철학적으로 사유해본다. 압축해서 '감각적 쾌락'과 '자기학대'다. 표현을 이렇게 하고 보면 그 범위 내지 문제 영역은 수행자의 경우를 넘어 상당히 넓어진다. 이는 모든 인간의 삶 일반에 걸친 문제이기 때문이다. 바로 이 '문제'라는 게 중요하다. 이걸 놓치면 안 된다. 이 문제가 시작점이기 때문이다. '감각적 쾌락'과 '자기학대'가 문제다. 집에 있건 절에 있건 육신을 가진 인간이라면 남녀노소 다 마찬가지다. 일단은 이게 피해야 할 양극단이라는 사실을 재차 확인해두자. 극단은 언제나 문제를 야기한다. 이게 부처의 첫 설법의 첫마디였다.

---

1) 마명(Aśvaghoṣa), 《붓다차리타》(*Buddhacarita*)

02. 극단 — 감각적 쾌락(1)

부처는 이른바 '중도'와 그것이 피해야 할 양극단에 관한 이야기를 했다. 바로 그걸로 설법의 첫 테이프를 끊었다.

그중 한쪽, '감각적 쾌락'이라는 걸 좀 깊이 들여다보자. 이것에 대한 철학적 논의는 간단치 않다. 너무 광범위하기 때문이다. 아마 책 몇 권으로도 모자랄 것이다. 하나의 분야가 요구될 정도다. 그러나 핵심은 간명하다. '요주의!' 감각적 쾌락이라는 이게 문제가 있으니 조심하라는 말이다.

감각적 쾌락이라는 건 뭔가 달콤한데 이걸 조심하라고? 왜? 이유가 있다. 수행의 장해가 되기 때문이다. 이게 괴로움의 원천이 되고 그 괴로움을 떠나려는 수행의 발목을 잡기 때문이다. 그래서 가까이하지 말라는 것이다. 그러니 이것에 대한 부처의 경계는 이해가 된다. 불교적 수행자의 경우라면 특히 유념해야 할 기본이다. 단, 머리를 깎았다고 감각까지 곧바로 함께 잘리는 건 아니니, 그건 생각의 가위 내지 의지의 가위로 잘라내야 한다. 그런 과정이 곧 수행이다. 그래서 수행이 필요한 것이다.

그런데 말이 그렇지 그게 어디 쉬운 일이겠는가. 생각해보자. 눈과 귀와 코와 혀와 몸(안이비설신)을 자극하는 감각(색성향미촉)의 유혹은 절대 만만치가 않다.[2] 그 쾌락이 분내를 솔솔 풍기기 때문이다. 빛깔/모습, 소리, 향기, 맛, 감촉, 하나하나 다 우리 인간을 혹하게 만든다. 그래서 부처는 이것을 경계하는 것이다. 이른바 아파테이아-아타락시아-아포니아를 얻기 위해 금욕(askēsis)이나 최소한의 쾌락(hēdonē)을 가치로 삼은 그리스의 제논이나 에피쿠로스의 철학도 기본적으로는 부처의 그것과 유사했다. 특히 아포니아(aponia)라는 그들의 개념 내지 가치는 '고통 없음'을 뜻하니 부처의 그것과 완전히 일치한다. 고(苦)의 인식과 그 소멸의 추구라는 이 구조에 동서가 따로 없는 것이다. (아파테이아[apatheia: 무감정]-아타락시아[ataraxia: 평정심]도 실은 불교의 번뇌 없음과 통하니 그 근본은 엇비슷한 셈이다.)

그런데 거듭 말하지만, 평정을 위해 쾌락을 버리는 이 문

---

2) 참조: "세상에는 다섯 가지 욕망의 대상이 있고, 의지(意)의 대상이 여섯째라고 한다. 그런 것에 대한 탐욕에서 벗어난다면 곧 괴로움에서 벗어난다."(《숫타니파타》 171) 그리고 감각은 아니지만, 어쩌면 의식 내지 정신 혹은 지적 욕구(意)를 자극하는 사실/사태들(法)의 유혹도 넓게 보면 이 범주에 들지 모르겠다.

제는 간단치 않다. 나는 젊은 시절 한때 불교에 심취했고 많은 점에서 그 이론에 매료되었지만 백 퍼센트 납득하지 못하고 걸리는 부분이 있었다. 그건 불교에 내재하는 일종의 '부자연스러움'(자연의 원리에 반하는 일종의 반쾌락주의[anti-hedonism])이었다. 고의 원인이 되는 일체 존재가, 특히 그 구체적 원인인 감각적 쾌락이, 애당초 왜 이 세계에 존재하느냐, 왜 그걸 버려야 하느냐, 하는 철학적 의문… 그런 것이다. 불교는 원천적으로 그 자연스러움(혹은 자연의 이치)에 역행하는(거스르는) 아주 부자연스러운 가치 체계인 것이다. 감각적 쾌락을 좋아하는 것은 나비가 꽃을 찾듯, 물이 아래로 흐르듯 당연한 자연의 이치가 아닌가. 또한, 감각을 아무리 부정해봤자 꽃은 여전히 예쁘고 새소리는 여전히 듣기 좋고 장미와 라일락은 여전히 향기롭고 빵과 커피는 여전히 맛있고 실크와 여인의 살결은 여전히 보드랍지 않은가. 그건 다 '좋은' 게 아닌가. 애당초 존재 자체가 그냥 그렇도록 되어 있는 것이다. 이걸 애써 부정하는 게 과연 정말 정답일까? 지극히 인간적인 의문이다. 누구나가 느낄 이런 일차적인 의문을 고명하신 대사님들은 어떻게 설명해내실까? 아니, 그 이전에 부처님 본인은 어떻게 설명해내실까? "… 산을 보니 산이요 물을 보니 물이었다. … 산을 보니 산이 아니요 물을 보니 물이 아니었다. … 산을 보니 그저 산이요 물을 보니 그저 물이었다."(老僧三十年前未參禪時, 見山是山 見水是

水. 及至後來 親見知識 有個入處, 見山不是山 見水不是水. 而今得個休歇處, 依前見山祇是山, 見水祇是水.)[3] 어쩌고 하는 것도 이와 유관한 일종의 설명으로 제시될 수 있을지 모르겠지만, 그건 어디까지나 주관적 평가 내지 경지에 대한 이야기이지 그게 '좋음-좋아함'이라는 객관적 존재 사실에 대한 속 시원한 존재론적 설명이 되지는 않는다.

감각적 쾌락의 추구는 그렇듯 일단은 당연한 존재의 질서요 당연한 이치인 것이다. 더욱이 그것은 일차적으로 '좋은' 것이다. 좋으니까 본질적으로-자연스럽게 이끌리고 추구하는 것이다. 삶 그 자체의 최대 원리인 욕망의 가장 구체적인 제일차적 내용인 것이다. 더욱이 이 감각적 쾌락의 추구는 인간들이 큰 의미로 삼는 이른바 온갖 '문화'의 원천이 되기도 한다. 미술, 음악, 향수, 음식, 옷 … 등등. 그런데 그런 좋은 것을 굳이 끊고 버리라니! 가까이하지 말라니! 부처는 왜 이런 반자연적 가치를 이야기했을까? 그것도 득도 후 처음 설한 경전의 맨 첫 부분에서. 그 이유를 우리는 물어봐야 한다.

부처쯤 되는 분의 이야기니까 이런 건 단순한 우연이 절대 아니다. 게다가 맨 첫마디에 나온다는 건 특히 그렇다. 이게 그 자신의 관심에서나 실제에서나 그만큼 강력하고 실질적인 그 무언가라는 방증이기도 한 것이다. 경계할 만한, 경계해야

---

3) 靑原惟信禪師, 《指月錄》 卷二十八.

할 충분한 이유가 있다는 말이다. 포지티브한 점에서도 그렇고 네거티브한 점에서도 그렇다. 즉, 감각적 쾌락이라는 게 그만큼 강력하고 실질적으로 우리를 좌우하고(즉 그만큼 '좋은' 것이고), 또 그만큼(즉 '좋은' 만큼) 강력하고 실질적으로 고의 원인이 되고, 그만큼 강력하고 실질적으로 수행의 장해가 된다는(즉 그만큼 '나쁜' 것이라는) 말이다. 왜 감각적 쾌락을 멀리해야 하는지, 굳이 묻는다면, 이게 일단은 부처의 대답이다. 좋은 것이면서 나쁜, 아니 좋은 것이기 때문에 나쁜 것이라는 그런 말이다. 좋음과 나쁨은 함께 있다. 동일한 하나의 앞뒤 양면이다. 이게 진실이다.

03. 극단 — 감각적 쾌락(2)

'감각적 쾌락'을 조금 더 들여다보자. 중요한 주제니까.

나는 대부분의 인간들처럼 범속한 사람이라 감각적 쾌락을 추구하는 욕망에 대해 부정적으로 생각하지는 않는다. 오히려 연민의 정을 혹은 존숭의 념을 가지고 있다. 때로는 디오니소스 찬가를 부르기도 한다. 나는 그것을 이른바 문화와 예술의 원동력으로 높이 평가하기도 한다. 시각, 청각, 후각, 미각, 촉각(안이비설신)이 없다면, 특히 그 쾌감이 없다면, 문화와 예술은 원천적으로 성립 불가능일 것이다. 경우에 따라 그것은 괴롭고 힘들고 허무한 인생에 대해 작지 않은 위로/위안이 되기도 한다.[4] 생각해보라. 안이비설신의, 그것에 대응하는 색성향미촉법, 인간의 삶에 대한 이것들의 기여가 그 얼마인가!

---

4) 이건 쇼펜하우어 철학의 한 축을 이루기도 한다.

색(色) : 온갖 자연의 풍광과 미남미녀와 온갖 그림과 조각과 건축과 사진과 드라마와 영화 … 등등 우리의 보는 눈과 연관된 모든 것들

성(聲) : 새소리, 벌레소리, 물소리, 바람소리를 비롯한 온갖 자연의 소리와 그녀의 속삭임과 노래와 연주 … 등등 우리의 듣는 귀와 연관된 모든 것들

향(香) : 온갖 꽃들의 향기와 그녀의 달콤한 숨결과 식욕을 자극하는 빵과 커피의 향기 … 등등 우리의 냄새 맡는 코와 연관된 모든 것들

미(味) : 온갖 과일과 채소와 과자와 케이크와 초콜릿과 요리의 맛 … 등등 우리의 먹는 입(혀)과 연관된 모든 것들

촉(觸) : 실크와 벨벳과 푸근한 면과 푹신한 이불과 그녀의 고운 살결 … 등등 우리의 만지는 손(느끼는 피부, 입술 포함)과 연결된 모든 것들

구체적으로 나열하자면 거의 무한정이다. 다 너무너무 좋다. 정말이지 감각의 쾌락은 한도 끝도 없다. 사람들은 본질적으로 이런 걸 좋아한다. 선호하도록 되어 있다. 그렇도록 되어 있음, 즉 자연인 것이다.

그런데 아니 그래서, 부처에게 묻지만 이런 것들이 애당초 무슨 죄란 말인가! 그냥 각각 그 자체로 좋고 있을 따름이지 않은가! 하늘이 시키는 대로! 봄날의 벚꽃이며 아지랑이, 여름날의 수박이며 아이스크림, 가을날의 단풍이며 낙엽, 겨울

날의 온돌이며 군고구마에게 무슨 죄가 있단 말인가. 안이비설신이, 그걸 좋아하는 게 무슨 죄란 말인가. 사랑스런 그녀를 안고 입 맞추는 게 무슨 죄란 말인가. 좋은 것들의 원천적인 좋음! 그리고 그것들을 좋아함! 나는 근본 존재인 혹은 존재 기본인 그 모든 것의 자연스러움을 위해 기꺼이 변호사로 나서줄 용의가 있다. 술이라도 한잔 목구멍을 넘어가면 더욱 그렇다.

그러나! 부처가 어디 보통 사람인가. 그가 감각적 쾌락을 경계하는 이런 말을 괜히 했겠는가. 더군다나 8만에 이른다는 엄청난 불설 경전의 맨 첫 부분에서 첫마디로 이 말부터 꺼낸 게 과연 우연이겠는가! 그럴 만한, 그럴 수밖에 없는 명백한 이유가 있다. 왜? 그게 뭔데? 간단하다. 이게 결국은 다 '헛된'(空) 것이기 때문이다. (감각에는 '좋음'과 '헛됨'이 함께 있다.) 그럼에도 우리가 이것에 집착(愛)하기 때문이다. 그 집착 내지 애착이 '고'(苦)를 야기하기 때문이다. 헛됨, 집착, 괴로움 …. 바로 그래서다. 그래서 이것을 가까이하지 말라는 것이다. 멀리하라는 것이다. 말아야 하는 '경우'가 있는 것이고, '결국' 말아야 하는 것이고, 말아서 도달해야 할 하나의 특수한 '경지'가 있는 것이다. 그런 차원에서, 그런 경우에, 불교는 (부처의 언어는) 비로소 설득력과 호소력과 위력과 매력을 갖기 시작한다. 불교의 핵심은 거기에 있다. 헛된 것에 대한 무지 및 집착과 그로 인한 괴로움…, 그 인식과 탈피의 노력, 부처의 언어들은 바로 이 언저리를 맴돈다. 거기에서 거기로 돌고 또 돈다. 탑을 돌듯이.

색성향미촉법이, 안이비설신의가, 그게 왜 있는지, 왜 좋은지, 왜 그게 연결되어서 후자가 전자를 좋아하는지, 그런 존재론적인 의문에 대해서는 별 관심이 없고 설명도 하지 않는다. 그런 건, 현상학 식으로 말하자면, 괄호 쳐진다(einklammern). 판단중지(epoche)의 대상인 것이다. 스위치가 내려져 있다. 불교적 관심은 오직 거기에 '괴로움'(dukka)이 있다는 사실을 주목한다. 색성향미촉법이 다 헛되다는 것이다. 그리고 '공'에는 이런 게 없다는 것이다(是故 空中無色 無受想行識 無眼耳鼻舌身意 無色聲香味觸法). 그래서 그런 것에 집착하면 (그런 것을 갈애하면) 괴로워진다는 것이다. 그게 출발점이다. 아주아주 구체적이고 실질적이다.

감각적 쾌락의 헛됨…, 그건 사실이다. 주지육림과 가무와 여색만이 아니다. 봄날의 화사한 벚꽃도 배꽃도 복숭아꽃, 살구꽃, 아기진달래도 이내 바람에 흩어진다. 여름날의 시원한 녹음[나무 그늘]도 잠깐이다. 가을날의 화려한 단풍도 순간이다. 겨울날의 탐스런 함박눈도 이내 녹아서 질척거린다. 세상 그 어떤 미녀의 미모도 세월은 가차 없이 거둬가 버린다. 그 무상함을 부처는 꿰뚫어 본 것이다. 그러니 그런 것에 애착을 갖고 집착하는 만큼 그 상실의 고통도 커질 수밖에 없다. 부처 식으로 생각하자면 일체의 감각적 쾌락, 그 모든 '좋은 것'이 다 헛된 것이다. "헛되고 헛되며 헛되고 헛되나니 모든 것이 헛되도다"라고 읊조린 저 솔로몬의 한탄스런 말도 그것을 확인해준다. (기독교 성경에 나오지만, 어딘가 불교의 향내가 난다.) 좋은 것 중 최고로 좋은 것이라는 소위 부귀영화도 실제로 다 누려본 그다. 그런 그가 그게 다 헛되다는데, 평범한 색성향미촉이야 어디 견줄 수나 있겠는가. 조금만 긴 눈으로 봐도 그건 다 헛된 것이 맞다. 그 헛됨에 대한 증언들은 꼭 불교가 아니더라도 차고 넘친다. '화무십일홍', "꽃이 피는 건 힘들어도 지는 건 잠깐이더군…"(최영미), "이슬로 나서 이슬로 사라지는 이 내 몸이여…"(도요토미 히데요시), "모든 것은 흐른다"(헤라클레이토스) 기타 등등, 줄을 세워도 한참 긴 줄이 된다. 전직 대통령들, 재벌 회장님들, 각계의 유공자들, 유명인들이 누구보다도 그 이른바 부귀공명의 헛됨에 대해 생생한 증언을 들려줄 것이다. 바로 그 헛됨이 부처가 말한 저 '제행무상'(諸行無常)에 다름 아니다. 고고(苦苦: 아픈 괴로움)와 더불어 이른바 3고에 포함되는 괴고(壞苦), 행고(行苦), 즉 무너짐(상실)의 괴로움과 달라짐(변화)의 괴로움도 다 이 헛됨을 알려준다. 이런 것을 주제로 한 소설, 드라마, 영화들 또한 한도 끝도 없다. 조설근의 《홍루몽》에 나오는 〈호료가〉(好了歌)도 그중 하나다. 무라카미 하루키의 《상실의 시대》도 그중 하나다. 방대한 《겐지이야기》도 결국은 그런 부류다. 부처가 통찰한 그 무상함, 그 헛됨, 그건 정말이지 진리가 아닐 수 없다. 그러니 저 모든 좋은 것들도 실은 진정으로 좋은 게 아닌 것이다. 그래서다. 그래서 부처는 '감각적 쾌락의 탐닉'을 양극단의 하나로 지적하며 가까이하지 말라고 경계한 것이다.

일본의 한 사찰에서 미라가 된 등신불(等身佛)을 본 적이 있다. 그가 내게 말하고 있었다. 내 눈에 보였던 온갖 아름다운 것들, 내 귀에 들렸던 온갖 고운 소리들, 내 코에 들어왔던 온갖 향기로운 것들, 내 입에 들어왔던 온갖 맛있는 음식들, 내 손, 내 몸에 닿았던 온갖 보드라운 것들 … 이제 아무것도 없다고, 다 사라졌다고, 다 헛되더라고. 한순간의 거품 같은 것이었다고. 분명히 말했다. 그 말없는 시체가.

04. 극단 — 고행(자기학대)

비구들이여, 출가자가 가까이하지 않아야 할 두 가지 극단이 있다. … 그것은 … 감각적 욕망들에 대한 쾌락의 탐닉에 몰두하는 것과, 괴롭고 성스럽지 못하고 무익한 자기학대에 몰두하는 것이다. 《초전법륜경》

나 이전에도 나 이후에도 나와 같이 고행하는 자는 없었고, 없을 것이다. 《맛지마 니까야》

그러나 이 법[고행]은 '속된 것들을' 역겨워함으로 인도하지 못하고, 욕망이 빛바램으로, 소멸로, 고요함으로, 최상의 지혜로, 바른 깨달음으로, 열반으로 인도하지 못한다. 그것은 단지 무소유처(비상비비상처)에 태어남에 이바지할 뿐이다. 《성구경》(M26)

우리는 불교와 관련해서 '고행'이라는 말을 익숙하게 듣고 있다. 불교를 잘 모르는 일반인들은 이게 불교적 수행의 일종인 줄 알기도 한다. 그런데 아니다. 부처는 오히려 이것을 '가까이하지 말아야 할 두 극단' 중의 하나로 규정한다. 요즘 식으로 말하자면 부정 평가인 것이다. 구체적으로 말하자면, 이게 '괴롭고 성스럽지 못하고 무익하다'는 말이다. 그는 왜 이것에 대해 이런 평가를 했을까? 위의 인용에서 알 수 있듯이 그 자신이 직접 해봤기 때문이다. 해보니까 아니더라는 말이다. 요즘 식으로 말하자면 경험적 지식이다. 혹은 체험에서 우러나온 평가인 셈이다. 그래서 설득력이 있다. 본인이 해보니까 그렇더라는 건데 더 이상 무슨 말이 필요하겠는가.

경전에 따르면 그가 실제로 해본 고행은 크게 네 가지였던 것 같다. 첫 번째는 이를 악물고 혀를 입천장에 대고 마음을 억누르는 고행, 두 번째는 숨을 쉬지 않고 선정을 닦는 고행, 세 번째는 일체의 모든 음식을 끊어버리는 고행(즉 단식), 그리고 네 번째는 극도로 적은 음식으로 연명하는 고행, 이 네 가지다. 이런 고행들의 결과는 비교적 잘 알려져 있다.

"음식을 거의 섭취하지 않았기에, 모든 수족은 울퉁불퉁한 뼈마디로 이루어진, 쇠약한 곤충 같다. 엉덩이는 물소 발굽 같고, 등뼈는 공을 한 줄로 꿴 듯 튀어나왔고, 갈비뼈는 무너진 헛간의 서까래 같다. 눈동자는 우물 바닥에서 반짝이는 물처럼 눈구멍 깊숙이 가라앉았다. 머리 가죽은 덜 익은 채 버려진 조롱박이 태양과 바람에 오그라든 것처럼 되었다. 뱃가죽은 등뼈까지 붙었고, 대소변을 보기 위해 일어나면 즉시 그 자리에 엎어졌다. 사지를 만지면 뿌리가 썩은 털들이 몸에서 우수수 떨어졌다."

극도의 쇠약. 피골이 상접하고 갈비뼈만 앙상하고 눈은 움푹 들어간 모습이다. 이런 몰골은 파키스탄의 라호르 박물관에 있는 그의 유명한 고행상을 통해서도 확인할 수 있다.

중요한 것은 이게 길이 아니라는 것이다. 정도가 아니라는 것이다. 첫 설법에서 그가 이 사실을 언급했다는 것은 다른 사람들은 자기처럼 시행착오를 겪지 말라는, 헛수고를 하지 말라는, 혹은 이런 쪽으로 수행자를 호도하지 말라는 유경험자의 친절일 수도 있다. 자비심의 발로일 수도 있다. "내가 해보니까 아니더라. 그러니 당신들은 나처럼 그렇게 헛수고하지 마라." 그렇게 유경험자로서 친절하게 수행의 팁을 일러주는 것이다. 그 힘듦과 고통을 생각해보면 참으로 고마운 노릇이 아닐 수 없다.

아닌 게 아니라 고행은 명백히 잘못된 방법론이다. 이건 일종의 자기학대다. 숨을 쉬지 않고 밥을 먹지 않는 것으로 자기를 괴롭히는 것이다. 핵심은 그거다. (사람을 학대할 수 있는 권리는 그 누구에게도 없다. 그 대상이 자기 자신이라도 그건 마찬가지다. 이건 이성이 알려주는 기본 원리다.) 불교라는 게 애당초 괴로움에서 벗어나고자 하는 가치 체계인 만큼 괴롭힘으로 괴로움을 다스린다는 건 이치에 잘 맞지 않는다. 무슨 이열치열도 아니고…, 부자연스럽다. 나는 인도식 사고를 높이 평가하면서도 이런 부자연스러움은 늘 의문이었다. 고행이 만일 득도에 유효한 것이라면 사람이 애당초 숨을 쉬도록 되어 있고 밥을 먹도록 되어 있다는 이 자연의 이치는 어떻게 설명할 것인가. 그리고 고행과 득도의 인과관계는 또 어떻게 증명될 수 있는가. 부처도 결국 그건 찾아내지 못했다. 그래서 이건 정답이 아닌 것이다. 애당초 숨과 밥에게 무슨 잘못이 있단 말인가. 이게 만일 유효한 것이라면 호흡 곤란과 기아로 죽은 모든 사람들이 다 부처가 되었을 것이다.

물론 특별히 머리 좋은 인도 사람들이 구태여 이런 짓을 한 데는 나름의 이유가 없지는 않았을 것이다. 범속한 사람의 범속한 짐작이지만, 그건 아마도 욕망의 차단이 아니었을까. 모든 구체적인 세속적 욕망들, 그리고 그 원천적 극단에 있는 살고자 하는 욕망…, (숨과 밥은 삶의 최근원적 조건이니까) 그걸 차단한다면 거기 해탈(벗어남)의 어떤 가능성이 있지 않을까 하는 기대가 그들에게 있었을 것이다.

그래서 나는 부처가 직접 해본 그 고행과 좌정 사이를 고민해본다. (보통 사람들은 어차피 이쪽도 저쪽도 다 쉽지가 않다. 웬만큼 독종이 아니고서는 버티기는커녕 마음먹기도 시도하기도 쉽지가 않다. 부처는 그 양쪽을 다 해냈으니 속된 말로 독종도 보통 독종이 아닌 셈이다.) 내 고민의 방향은 일종의 절충이다. 적당한 고행과 적당한 좌정이다. 이건 자기와의 혹은 욕망과의 타협일지도 모른다. 무분별한 식욕의 적당한 절제, 집착의 조절, 안정적 호흡으로 마음을 가다듬기, 그리고 고와 그 해탈이라는 이 생적-실존적 주제에 대한 방향 설정과 그 끈을 놓지 않기, 즉 지속적인 관심과 사유 활동…. 이 정도는 우리에게도 가능하다. 특히 이따금이라면. 너무 소박한가? 얍삽한 걸까? 아니다. 작금의 현실을 보면, (치열한 출가수행은 아니더라도) 이것만 해도 실은 대단한 일이다. 온 세상에 가득 차 넘실거리는 건 온통 과도한 욕망의 파도이기 때문이다. 그것에 대한 웬만한 통제만 해도 범속한 사람들에겐 거의 해탈에 가깝다. 그런 걸 우리는 인격이라는 말로 부르기도 한다. "그것만 해도 어디야…." 나이 들면서 요즘 내가 입버릇처럼 하는 말이다. 부디 부처님도 이런 말에 염화시중의 미소로 화답하시기를 기대한다.

05. 어디로?

Ete kho, bhikkhave, ubho ante anupagamma majjhimā paṭipadā tathāgatena abhisambuddhā. cakkhukaraṇī ñāṇa-karaṇī upasamāya abhiññāya sam-bodhāya nibbānāya.

비구들이여, 이러한 두 가지 극단을 의지하지 않고 여래는 중도(中道)를 완전하게 깨달았나니

[이 중도는] 안목을 만들고 지혜를 만들며, 고요함과 최상의 지혜와 바른 깨달음과 열반으로 인도한다.

나는 '발걸음의 철학'이라는 것을 이야기한 적이 있다. 간단히 말해, 우리가 한평생 다닌 발걸음을 시각화해보면 거기에 우리의 정체가 드러난다는 것이다. 집에서 나와 집으로 돌아가는 77억의 발걸음을 주목해 가정의 인생론적 가치를 말하기도 했고, 마른 곳이 아닌 진 곳을 굳이 찾아가는 발걸음을 주목해 도덕적 혹은 종교적 가치를 말하기도 했고, 돈

과 지위와 성공과 명성, 혹은 주색잡기를 찾아가는 발걸음을 주목해 인간의 욕망론을 펼치기도 했다. 인간의 모든 발걸음에는, 혹은 그 발이 걷는 길에는, '어디로?'라는 방향이 전제돼 있는 것이다. 생각해보라. 예수의 발걸음, 공자의 발걸음, 소크라테스-플라톤의 발걸음, 칸트의 발걸음, 그리고 회사원의 발걸음, 예술가의 발걸음, 난봉꾼의 발걸음 … 이게 어디로 향하는 것인지, 이런 걸 각각 생각해보는 것은 참으로 흥미로운 철학적 주제가 아닐 수 없다.

그렇다면 부처의 발걸음은? 그 추종자인 스님들의 발걸음은? 그건 어디로 향했던 것일까? 설산으로, 보리수 아래로, 녹야원[5]으로, 기원정사[6]로, 죽림정사[7]로 … 그게 답일까?

---

5) 녹야원(鹿野園, Sarnath, Sarnātha)은 인도의 지명이다. 바라나시의 북방 약 10킬로미터에 위치해 있다. 불교 전통에 따르면, 고타마 붓다가 깨달음을 얻은 후, 자신과 함께 고행했던 다섯 수행자들에게 처음으로 설법(초전법륜)을 한 땅이다. 불교의 4대 성지 중 하나다.

6) 기원정사(祇園精舍, Jetavana-vihāra)는 기수급고독원(祇樹給孤獨園)이라고도 한다. '기타 태자의 동산(祇樹)에 급고독 장자가 세운 승원(給孤獨園)'이란 뜻이다. 기타(祇陀) 태자는 제타 태자의 중국어 음사다. 급고독 장자(給孤獨長者)는 수닷타 장자를 번역한 말이다. 수닷타 장자는 의지할 데 없는 사람들을 자주 구제해 '아나타 핀다다'로 더 잘 불렸다. '아나타'는 '의지할 데 없는 자'(孤獨)란 뜻이며, '핀다다'는 '먹을 것을 주다'(給)란 뜻이다. 이를 한문으로 번역하면 급고독(給孤獨)이 된다.

7) 죽림정사(竹林精舍, Venuvana-vihāra)는 불교 최초의 사원이다.

답이 아닌 건 아니지만 우리는 거기에 다시 '왜 거기로?'를 물어봐야 한다. 그래야 제대로 된 답을 얻을 수 있다. 그 답이 위의 인용에 적시돼 있다. '안목, 지혜, 그리고 고요함, 최상의 지혜, 바른 깨달음, 열반'이다.[8] 이걸 얻기 위해 그는 걸었던 것이다. 그리고 아마 중생의 제도(구제)라는 것도 있었을 것이다. (이른바 대승[mahayana: 큰 수레]이 굴러가는 방향이다.) 그가 걸었던 그 길에는 이런 쪽을 가리키는 이정표가 (혹은 도로 표지판이) 있었던 셈이다.

그렇다면 '안목, 지혜, 그리고 고요함, 최상의 지혜, 바른 깨달음, 열반'이란 어떤 것일까? 핵심을 간추리자면 일단 '보는 것'이고 '아는 것'이고 '되는 것'이다. 그리고 '고요함'과 '열반'이라는 상태 내지 경지에 도달하는 것이다. 봄과 앎은 '도달함'을 위한 조건이다. 그런데 실제에 비추어 보면 봄과 앎은 사실상 다르지 않고 고요함과 열반도 사실상 다르지 않다. (지견[知見]이라는 표현과 3법인의 하나인 '열반적정'[욕망-고뇌가 사그라진 고요함]이라는 표현이 이 동일성을 알려

가란타죽림(迦蘭陀竹林)이라고도 한다. 마가다 왕국의 수도였던 라자그리하(오늘날의 비하르 주 라자기르)에 위치하고 있었다. 가란타 장자(迦蘭陀長者)가 소유하고 있던 대나무 정원으로 처음에는 니건자(尼犍子, 자이나교)에게 주었으나, 장자가 불교에 귀의하면서 이곳을 불교의 승원으로 바쳤고, 빔비사라(頻婆娑羅) 왕이 가람을 짓게 하였다.

8) 요즘은 인기가 별로 없는 종목들이다.

준다.) 그래서 더 단순하게 정리하자면[9] '알아서 고요해지는 것'이다. 바로 이 '알아서 고요해지는 것'이 부처의 발걸음이 걸었던 방향이었던 것이다.

그렇다면 봄과 앎의 내용은 무엇이고 고요와 열반의 내용은 무엇인가? 이것들은 필연적으로 서로 연관돼 있다. 일반적으로 잘 알려져 있듯이 봄과 앎의 내용은 '오온개공'이다. ('조견 오온개공'의 견[見: 보다]이 그것을 알려준다.) 그리고 고요와 열반의 내용은 '도 일체고액'이다. (《반야심경》의 '조견 오온개공 도 일체고액'[오온이 모두 공임을 비추어 보고 모든 고액을 건너갔다]이라는 말이 그 필연적 연관성 내지 선후 관계를 알려준다.) 그런데 부처의 이 말들은 간단치 않다. 이 짧은 한마디가 사실상 불교의 모든 이론들과 다 얽혀 있다. 줄줄이 사탕처럼 하나의 개념을 당기면 팔만대장경의 모든 단어들이 줄줄이 다 딸려 오는 것이다. 그래서 불교에서는 처음과 끝이 중요하다. 불교는 어디에서 시작해서 어디에서 끝나는가? 간단하다. 의외로 아주아주 너무너무 간단하다. **고(苦)에서 시작해서 도(度)에서 끝난다**. 괴로운 이쪽에서 고요한 저쪽으로 건너가는 것이다. '아제아제 바라아제…'(가자 가자 건너가자…)라는 주문도 그것을 위한 구호인 셈이다. 바로 그 이쪽과 저쪽 사이에 '고해'라고 하는 드

---

9) 이해를 위한 이런 단순화 작업은 데카르트가 알려준 방법론의 일부이기도 하다. 나는 이것을 유용하다고 판단한다.

넓은 바다가 가로놓여 있다. 실제로 우리가 빠져 허우적거리고 있는 현실세계다.

바로 그 고를, 일체개고를, 그와 연결된 제행무상 제법무아를, 그리고 역시 그와 연결된 고집멸도 4성제를, 그리고 그것의 한 부분인 8정도를, 그리고 그 원리인 12연기를, 그것을 보고 아는 것이 바로 저 안목과 지혜에 다름 아닌 것이다. 그리고 그렇게 보고 알아서 그 고를 벗어난 상태가 바로 저 고요와 열반에 다름 아닌 것이다. 고가 우리를 고요하지 않게 만드는 원인이기 때문이다.

이런 불교적 논의들은 자칫 고답적인 인상을 줄 수도 있다. 대사나 선사의 이미지가 이런 단어들에 (특히 어려운 한어에) 오버랩되기 때문이다. 그런데 아니다. 부처의 이 언어들은 실은 너무나 구체적이다. 너무나 실제적이다. 괴로움이라는 것이 너무나 일상적이고 실질적인 우리 자신들의 삶의 내용이기 때문이다. 여기서 예외인 자는 아무도 없다. 그래서 불교라고 하는 이 가치의 체계가 우리 인간들의 귀에 솔깃해지고 때로 우리의 가슴에 다가와 꽂히는 것이다. 불교는 여기서 시작이다. 괴롭지 않은 자에게는, 괴롭지 않은 동안에는, 불교는 아직 아무것도 아니다. 그냥 절간에 있는 하나의 풍경일 뿐이다. 혹은 서가에 꽂힌 하나의 지적 장식일 뿐이다. 괴로움을 인식할 때, 그때 그것은 비로소 나에게로 와 하나의 꽃이 된다.

그래서 가야 하는 것이다. 어디로? 저쪽으로. 피안으로. 그 괴로움이 사라진 쪽으로. 고요한 쪽으로. 그것을 불교에서는 열반이라 부르기도 하고 극락이라 부르기도 한다. 그래서 저쪽으로 가는 것을 왕생이라 부르기도 한다. 극락왕생이다. 고요한 저쪽으로 가는 것이다. 욕망과 집착으로 인한 괴로움이 사라진 저쪽으로.

06. 중도 — 8정도 — 정견

Katamā ca sā, bhikkhave, majjhimā paṭipadā tathāgatena abhisambuddhā cakkhukaraṇī ñāṇakaraṇī upasamāya abhiññāya sambodhāya nibbānāya saṃvattati?

비구들이여, 그러면 어떤 것이 여래가 완전하게 깨달았으며, 안목을 만들고 지혜를 만들며, 고요함과 최상의 지혜와 바른 깨달음과 열반으로 인도하는 중도인가?

그것은 바로 여덟 갈래 성스러운 도이니,

바른 견해, 바른 사유, 바른 말, 바른 행위, 바른 생계(생활), 바른 노력, 바른 마음 챙김(새김), 바른 삼매(집중)이다.

비구들이여, 이것이 바로 여래가 완전하게 깨달았으며, 안목을 만들고 지혜를 만들며, 고요함과 최상의 지혜와 바른 깨달음과 열반으로 인도하는 중도이다.

나는 40여 년 나름 열심히 철학 공부를 해왔다고 자부하는데, 그 과정에서 느낀 이상한 현상이 한 가지 있다. 철학자 본인의 일차적 언어보다 그것을 논하는 이차적 언어들이 훨씬 더 어렵다는 것이다. 나는 개인적으로 그런 어려운 언어들을 그다지 높이 평가하지 않는다. 깊이 신뢰하지도 않는다. 그래서 별로 권하지를 않는다. 솔직히 털어놓자면 좀 경멸하는 편이다. 일급의 철학적 언어들은 그렇게 어렵지 않다. 그래서 나는 나 자신은 물론 학생들에게도 일차적 언어들과의 일대일 맞상대를 적극 권하고 있다. 내가 특별히 좋아하고 높이 평가하는 공자, 부처, 소크라테스, 예수의 언어들이 대표적이다. 이들의 말은 어렵지 않다. 쉽게 이해된다. (물론 그 실천은 별개 문제다. 난제 중의 난제다. 그건 누구나가 인정한다.) 그 언어들이 아주아주 구체적인 실제에 혹은 문제 그 자체에 뿌리를 박고 자라난 것이기 때문이다. 그래서 설득력이 있고 호소력이 있고 매력이 있는 것이다. 그런 힘이 없는 언어는 제대로 된 철학이라고 할 수가 없다.

사설이 길어졌다. 위에 인용한 이른바 8정도(정견[正見], 정사[正思], 정어[正語], 정업[正業], 정명[正命], 정려[正勵], 정념[正念], 정정[正定])에 관한 이야기를 하고 싶어서다. 이건 웬만큼 불교에 대해 관심 있는 사람이라면 누구나 다 아는 엄청 유명한 것이다. 불교에 특화된 D대학의 교표도 이 8

정도를 상징하는 것이다. (그것이 배의 키 모양을 하고 있는 것은 짐작건대 아마도 이 8정도가 고해를 건너가는 배의 키 역할을 한다는 그런 상징적 의미도 있을 것이다.) 그런데 정작 이게 어떤 것인가 하는 것도 누구나 잘 알고 있을까? 그건 아닌 것 같다. 그 설명들을 찾아보면 뭔가 어렵다. 그래서 나는 그 어렵고 복잡한 설명들을 미심쩍은 눈초리로 바라본다. 그래서 나는 그것들을 다 옆으로 밀쳐놓고, 혹은 서랍에 넣어두고, 혹은 선반에 올려놓고, 그냥 부처 본인의 말에 직접 귀를 기울인다. '바른길'(正道)… 그게 어떤 걸까? 그게 감각적 쾌락의 추구도 아니고 고행도 아닌, 그런 양극단이 아닌 '중도'라는 건 이미 밝혀졌다. 중도가 정도다. 이 중도가 깨달음과 고요함으로 즉 해탈로 이어지는 성스러운 길이라는 평가도 이미 내려졌다. 이 길에 여덟 갈래가 있다는 것도 드러났다. 말하자면 이 길은 8차로인 셈이다. 그래서 8정도다.

이것을 하나씩 들여다보자. 먼저 '정견'(正見). 이건 어떤 길일까?

Katamā ca bhikkhave, sammādiṭṭhi? Yaṃ kho bhikkhave, dukkhe ñāṇaṃ dukkhasamudaye ñāṇaṃ dukkhanirodhe ñāṇaṃ dukkhanirodhagāminiyā paṭipadāya ñāṇaṃ, ayaṃ vuccati bhikkhave, sammādiṭṭhi.

비구들이여, 정견(正見)이란 무엇인가? 실로 비구들이여, 괴로움(dukka, 苦)에 관한 지, 고의 생겨남(集起)에 관한 지, 고의 없어짐(滅尽)에 관한 지, 고의 없어짐에 이르는 길(道)에 대한 지혜를 정견이라 한다.

'정견'이란 '바른 보기'다. '바른 보기'? 이게 뭘까? '바르다'는 건 특별한 설명도 필요 없다. '잘못된' 게 아니라는 말이다. '틀린' 게 아니라는 말이다. 좀 확대 해석하자면 '나쁜' 게 아니라는 말이다. 그런데 굳이 '바른'(sammā)이라는 이 표현을 동원한 건 왜까? 그건 아마도 우리가 보통 그런 잘못된 것들을 보기 쉽고 또한 실제로 보고 있기 때문일 것이다. 그런 바르지 않은, 바르지 못한 보기가 그 배경에 있기 때문일 것이다. 그렇다면 어떤 게 바른 '보기'(diṭṭhi)일까? 중요한 건 그 내용이다. 부처는 친절하게도 그 내용을 일러준다. 뭐지? 아니나 다를까 역시다. '고'에 관한 것이다. 고의 일어남과 없어짐, 그리고 그 없앰의 길을 제대로 보는 것이다. 그게 '바른 보기'라는 것이다. 여기서 '견'(見)이라는 글자가 두드러진다. '보는' 것이다. 해탈에 이르려면 올바로 보아야 한다는 것이다. 뭘? 고의 생성과 소멸이다. 그 방법이다. 당연히 그럴 것이다. 그러나 그게 다인가?

만일, 내가 만일 부처라면…, 가정 자체가 외람되긴 하지만, 이렇게 대답하고 싶다. 고의 생성과 소멸, 그리고 그것과 관련해 한평생 말한 모든 것이다. 그걸 보라는 것이다. 그런 걸 보라는 것이다. 그런 쪽으로 시선을 향하라는 것이다. 그런 쪽에 관심을 가지라는 것이다. 감각적 쾌락이 아닌 쪽, 엉뚱한 고행이 아닌 쪽, 부귀공명이 아닌 쪽, 죄악이 아닌 쪽, 그러니까 진리라는 쪽, 해탈이라는 쪽, 괴로움이라는 실존적 현실과 그 벗어남이라는 목표/결과와 그 벗어나기라는 실천적 노력 쪽, 그것과 얽힌 문제들, 이른바 3법인, 4성제, 8정도, 12연기 같은 것, 3독, 4념처, 5온, 6입, 8고 … 그런 쪽. 그런 방향으로, 그런 것들로 시선을 향해야 한다는 것이다. 그런 것을 보아야 한다는 것이다. 그리고 그런 것이 진리임을, 진짜 중요한 것임을 알아야 한다는 것이다. 그런 게 바로 이 '바로 보기'(正見)인 것이다. 나는 '정견'이라는 부처의 이 말을 이렇게 풀이한다. 어려울 것 하나 없는 말이다. 누구나 들으면 곧바로 이해할 수 있다. 젊은 부처가 말하고 싶었던 것은 바로 이것이라고 나는 확신한다.

눈이라고 다 눈이 아니다. 대부분의 눈은 욕망이 가리키는 쪽을 바라본다. 그건 바르지 못한 보기다. 그러나 부처의 눈은 달랐다. 그의 눈은 다른 쪽을 바라본 것이다. 찬란한 쪽이다. 혼탁한 쪽이 아닌 청정한 쪽, 더러운 쪽이 아닌 깨끗한 쪽, 어두운 쪽이 아닌 밝은 쪽이다. 그는 그것을 속속들이 들여다보았다. 때로는 현미경처럼, 때로는 망원경처럼. 그 놀라운 시력에 대해 나는 경탄한다. 그저 두 손을 모으고 합장을 하지 않을 도리가 없다. 그런 눈을 가지고 그런 것을 보았기에 그는 마침내 우리가 아는 그런 경지에 다다른 것이다. 부처님이 된 것이다. 그 시작이 바로 이런 시선이었다. 우선 감은 눈을 떠야 한다. 그리고 보아야 한다. 저 진리들을! 그리고 거기로 향하는 길을! 올바른 길을!

07. 중도 — 8정도 — 정사

Katamo ca bhikkhave, sammāsaṅkappo: yo kho bhikkhave, nekkhammasaṅkappo avyāpādasaṃkappo, avihiṃsāsaṅkappo, ayaṃ vuccati bhikkhave, sammāsaṅkappo.

비구들이여, 정사(正思)란 무엇인가? 벗어나려는 것(出離), 화내지 않으려는 것(無瞋), 해하지 않으려는 것(無害)을 정사라고 한다. 《잡아함경》(雜阿含經)

이른바 8정도의 한 가닥으로 '정사'(正思: 바른 생각)라는 게 있다. 요즘 시대 요즘 세상에 이런 단어를 주제로 삼는 사람이 과연 몇이나 되는지 모르겠다. 설혹 있다고 하더라도 어쩌면 조금 '있어 보이는' 불교적 지식의 하나로 내걸리는 건 아닌지 모르겠다. 나는 40여 년 철학 공부를 통해, 특히 내가 전공한 하이데거를 통해 중요한 사실을 하나 배웠다. 진정한 철학적 주제는 끊임없이 그 문제의 원천으로 되돌아가 생각할 필요가 있다는 것이다. 그런 걸 하이데거는 '되돌아-가기'(Schritt-zurück) 혹은 '현상학적 환원'(Reduktion)이라 부르기도 했다. 문제의 원천으로 되돌아간다는 건 그것의 '왜?'를 원점에서 생각해보는 것이다. 그래서 나는 2천 수백 년 전 30대의 젊은 부처가 지금 막 입 밖에 낸, 그의 체온이 남아 있는, 그의 숨결이 느껴지는, 그의 침방울이 묻어 있는 이 단어를 생각해본다. '정사', 올바른 생각이란 무엇일까? 그는 왜 여덟 갈래의 중도 중 하나로 하필 이 말을 했을까?

우선 한 가지 분명한 건, 생각(思, saṅkappo)이라는 게 그만큼 중요하다는 것이다. 나는 하이데거를 전공하였기에 이 걸 너무나 잘 안다. 그의 이른바 후기 철학에서 가장 두드러진 주제 중의 하나가 생각(사유, Denken)이었기 때문이다. 이 단어가 그의 글에 그의 책에 아마 수백 번은 등장할 것이다. 물론 그 사유의 내용은 둘이 사뭇 다르다. 하이데거는 '존재'라는 걸 사유했고, 부처는 '고'와 그로부터의 '벗어남'(소멸)을 사유했다. 그렇듯 생각의 내용이 다를 수 있다는 걸 우리는 먼저 생각해봐야 한다. 그리고 우리 자신이 무엇을 생각하고 있는지, 무엇을 생각해야 하는지, 무엇을 생각하지 말아야 하는지를 우리는 생각해봐야 한다. 왜? 무엇보다 '바르지 못한', '바르지 않은', '나쁜' 생각들이 있기 때문이다. 그런 게 문제를 야기하기 때문이다.

생각이라는 것도 참 천태만상이다. 우리 인간들은 별의별 생각들을 다 한다. 파르메니데스와 하이데거에 따르면 생각이라는 건 만유와 원천적으로 연결돼 있다. 심지어 "사유와 존재가 동일한 것이다"(to gar auto noein estin te kai einai)라고까지 말한다. 그러니 그 내용은 모든 존재에 걸쳐 거의 무한정이다. 생각해보자. 우선 일상적으로 우리의 생각을 가득 채우고 있는 건, 뭘 먹을까, 뭘 입을까부터 시작해서, 이를테면 돈 생각, 출세할 생각, 혹은 일 생각, 놀 생각, 시험 생각 … 혹은 누군가에겐 임 생각, 식구들 생각, '오빠' 생각 … 또 누군가에겐 나라 생각, 예수님 생각 … 또 누군가에겐 명품백 생각, 여행 생각, 주식 생각, 부동산 생각 … 혹은 누군가를 혼내줄 생각, 사기 칠 생각, 죽일 생각 … 정말 무진장이다. 이걸 열거하자면 정말 한도 끝도 없다.

그런데 그중엔 명백하게 '올바르지 못한', '나쁜' 생각들도 있다. 그래서 아마 부처는 이 말을, 즉 '바른 생각'이라는 말을 했을 것이다. 여덟 갈래 올바른 길의 하나로 이걸 제시했을 것이다. 그렇다면 어떤 것이 바른 생각이고 어떤 것이 바르지 못한 생각일까? 초전법륜에서 부처가 그걸 구체적으로 알려주지는 않는다. 다만 한 가지 분명한 건 감각적 쾌락과 고행은 바른 생각이 아니라는 것이다. 그러니 감각적 쾌락인 색성향미촉을 생각하며 그것을 탐닉한다면 그건 바른 생각이라고 할 수가 없다. 물론 앞서도 언급했듯이 이런 것들 자체가 나쁘다고는 할 수 없다. 예쁘고 듣기 좋고 향기롭고 맛있고 부드러운 게 무슨 죄가 있겠는가. 양귀비와 꾀꼬리와 라일락과 꿀과 실크에게 무슨 잘못이 있겠는가. 다만 그 헛됨을 알지 못하고 집착해서 괴로움을 초래하는 게 나쁜 것이다. 괴로움을 벗어나고자 하는 수행자에게는 그런 생각이 올바르지 못한 것이다. 예컨대 주지스님이 대웅전의 고급 단청에 집착을 한다든지, 범종이나 처마 끝 풍경의 음향에 집착을 한다든지, 불전함이나 향불의 향기에 집착을 한다든지, 공양의 반찬 맛에 집착을 한다든지, 걸치는 가사의 감촉에 집착을 한다든지 해서 그런 생각에 골몰한다면 그건 수행 정진을 위해 올바른 생각이 아닐 것이다.

그런데 정작 우리가 이걸 우리 자신의 주제로 받아들인다면 문제가 그렇게 단순하지만은 않다. 바르지 못한, 나쁜 생각들이 현실적으로 너무나 많기 때문이다. 실제로 나쁜 생각을 하는 사람들이 너무나 많기 때문이다. '생각'이라는 것의 범위를 '마음'으로까지 약간 넓혀서 생각한다면 더욱 그렇다. 이른바 3독(三毒, triviṣa), 탐진치(탐욕[貪, rāga], 성냄[瞋, dveṣā], 어리석음[痴, moha])도 다 그 나쁜 생각에 포함될 것이다. 온갖 범죄적인 생각들도, 온갖 부도덕한 생각들도 다 거기에 포함될 것이다. 그러니, 먼저 그런 생각들을 걷어내지 않으면 안 된다. 어느 것 하나도 쉽지는 않겠지만 걷어내야 한다.

그런데 그런 생각들을 걷어냈다고 곧바로 목표에 도달하

는 걸까? 해탈을 하게 되는 걸까? 그건 아니다. 소극적인 '하지 않음'에서 한 걸음 더 나아가 적극적으로 '바른 사유'를 '해야 하는' 것이다. '바른 사유'(sammāsaṅkappo), 그게 뭘까? 위의 인용이 친절하게 그 답을 알려준다. 예컨대 출리(出離), 무진(無瞋), 무해(無害)가 바른 생각이라는 것이다. 즉 생사를 벗어나려는 생각, 성냄이 없는 생각, 해치지 않으려는 생각, 이런 게 바른 사유다. 그리고 그런 연장선에서 우리는 3법인, 4성제 등 부처의 저 모든 생각들을 내 것으로 받아들여 공유할 필요가 있다. 그의 손가락이 가리키는 그런 방향으로 걸어가고 싶다면. 괴로움을 느끼고 그 괴로움에서 벗어나고 싶다면. 그 끝에 아마도 저 고요한 해탈의 문이 있을 것이다.

만일 나쁜 생각들에게 내 마음의 빗장을 열어준다면, 그 순간 그것들이 마치 가스나 물처럼 스며들어 우리는 번뇌와 괴로움을 각오하지 않으면 안 된다. 살아본 우리는 이미 알지만, 그 번뇌가 어디 108개 정도로 끝나겠는가. 거의 무한정이다. 그래서다. 그래서 바른 생각, 이것이 해탈로 가는 길이 되는 것이다. 벗어날 생각을 하고, 화내지 말고, 해칠 생각을 하지 말자. 그게 첫발을 떼는 것이다. 이것만 해도… 사실 극락정토가 따로 없다.

08. 중도 — 8정도 — 정어

Katamā ca bhikkhave, sammāvācā: yā kho bhikkhave, musāvādā veramaṇī pisunāya vācāya veramaṇī pharusāya vācāya veramaṇī samphappalāpā veramaṇī ayaṃ vuccati bhikkhave, sammāvācā.

비구들이여, 세속의 정어(正語)란 무엇인가? 망어(妄語: 거짓말), 양설(兩舌=離間語: 이간질하는 말), 악구(惡口=粗惡語: 험담, 욕설), 기어(綺語: 꾸며서 하는 말)를 피하는 것, 이것을 일러 세속의 정어라 한다. 《잡아함경》

부처는 이른바 8정도의 한 갈래로 '정어'(正語: 바른 말)라는 걸 이야기했다. 나는 이 단어에 대해 특별한 친근감을 가지고 있다. 내가 좋아하는 '바를 정'(正)자 때문이기도 하지만, 무엇보다 '말'(語, vācā)이라는 말 때문이다. 언어철학이라는 것이 나의 특별한 관심 분야인데, 나는 이것이 부처의 언어철학이라고 간주하기 때문이다. 그러니 이 말의 존재가 특별히 반갑지 않을 도리가 없다.

그런데 그의 언어철학은 내가 아는 서양철학자들(아리스토텔레스, 루소, 하이데거, 비트겐슈타인, 오스틴 등)의 언어철학과는 그 결이 다르다. 언어의 본질이나 성격을 논하는 이론철학이 아니라 실천철학인 것이다. 특히 이것은 이른바 '구업'(口業)이라는 것과 연결돼 있어서 구체적-실질적이며 그래서 매력적이다. 부처의 지적에 따르면 구업엔 크게 네 가지가 있다. 첫째, 입으로 남을 속이는 망어(妄語: 거짓말), 둘째, 이간질로 화합을 깨뜨리는 양설(兩舌), 셋째, 험한 말로 남의 속을 뒤집어 놓는 악구(惡口: 험담, 욕설), 넷째, 요망한 말로 남을 현혹하는 기어(綺語).

망어-양설-악구-기어, 불교 경전에서 부처의 입을 통해 이런 말을 들으면 참 묘한 느낌이 든다. 지금의 한국이나 2천수백 년 전의 인도나 어쩜 이렇게 똑같을까… 그런 느낌. 동서고금을 막론하고, 언제나 어디서나, 사람들은 참 입을 함부로 놀린다. 거짓말, 욕설, 딴소리(한 입으로 두말하기), 꾸민 말 … 지금도 세상에는 이런 말들이 차고 넘친다. 대부분의 입들은 듣는 귀를 의식하지 않고 함부로 말을 내뱉는다. 그래서 나는 이렇게 말하기도 했다. "무신경한 말 한마디, 입 밖으로 나갈 때는 깃털처럼 가볍지만, 사람의 가슴에 떨어질 때는 바위처럼 무겁다." "때로는 한마디의 말이 10년을 행복하게 해줄 수 있다. 때로는 한마디의 말이 10년을 불편하게 해줄 수도 있다. '말의 위력'을 가볍게 보는 자는 인간과 삶을 말할 자격이 없다." 이 배경에는 나의 이런 생각이 깔려 있다.

> "인간은 언어적 동물(zoon logon echon)이다. 그리고 동시에 사회적 동물(zoon politikon)이다. 사회적 동물인 인간은 그 사회의 대기를 감싸고 있는 특유의 언어들을 마치 공기처럼 호흡하면서 그 영혼의 건강을 유지해간다. 따라서 언어라는 공기가 맑으면 영혼도 맑고 언어라는 공기가 탁하면 영혼도 탁해진다. 언어와 영혼 사이에는 그런 인과관계가 성립한다. 듣고 말하는 언어들이 파라면 영혼도 파랗게 물이 들고 언어가 빨가면 영혼도 빨갛게 물이 든다. 이렇게 시각적으로 말하면 좀 더 이해가 빠를지 모르겠다. 언어라는 것은 책, 강의, 신문, TV … 등등 그야말로 온갖 형태로 우리의 눈과 귀를 통해 정신 안에 들어와 혈관을 타고 떠돌다가 시간이 지나면서 차츰 자신의 피와 살과 뼈의 세포에 스며 알게 모르게 자신의 일부로 자리 잡는다. 그것을 우리는 '교양의 메커니즘'이라고도 부를 수 있다."[10]

이러니 내가 부처의 언어철학을 좋아하지 않을 도리가 없는 것이다. 더욱이 그의 말은 경험에서 우러나온 듯 구체성

10) 졸저 《진리 갤러리》

을 띠고 있다. 경전에 보면 이런 이야기가 있다.

부처가 죽림정사에 머물고 있을 때, 어느 날 이교도 악꼬사까 바라드와자라는 바라문이 자신의 형이 불교에 출가했다는 말을 듣고 부처를 찾아와 상스러운 욕설을 퍼부어댔다. 부처는 바라문의 욕설을 잠자코 다 들은 후 이렇게 말했다. "바라문이여, 당신은 집에 찾아온 손님에게 다과나 음식을 대접합니까?" "대접하지요." "만일 당신을 찾아온 손님이 그 대접을 받지 않는다면 남은 음식은 누구의 것이 되겠습니까?" "그들이 음식을 받지 않으면 당연히 나의 것이 되겠지요." "그와 마찬가지로 당신은 욕하지 않는 나를 욕하였고, 꾸짖지 않는 나를 꾸짖었습니다. 악담하지 않는 나에게 또 악담을 하였습니다. 이것들을 나는 받지 않겠습니다. 그러니 그것은 모두 당신 것입니다. 욕하는 사람에게 욕하고 꾸짖는 사람에게 꾸짖고 악담하는 사람에게 악담하는 사람은 마치 음식을 서로 나누어 먹고 서로 주고받는 것과 같습니다. 나는 당신의 음식을 함께 먹지 않으며 주고받지도 않습니다. 그러니 그것은 모두 당신의 것입니다." 부처의 이 말에 바라문은 자신의 잘못을 크게 뉘우치고 부처에게 귀의했다. 《상윳따 니까야》(브라흐마나 상윳따 1:2)

부처 자신조차도 이렇게 직접 욕을 들은 적이 있는 것이다. 바르지 못한 말은 사람을 가리지 않는다. 이것을 이른바 구업이라고 성격 지으며 그 업보를 이야기하는 것은 참 흥미로운 인도식 발상이다. "만일 악구로써 남을 욕하고 비방하면 큰 죄과를 얻게 된다"(《법화경》)는 것이다. 그래서 《천수경》에선 입으로 짓는 모든 죄업을 날마다 참회하라고도 말한다(淨口業眞言).

해탈을 하겠다면 우선 말부터 곱게 하지 않으면 안 된다. 그게 '정어'라고 하는 '정도'인 것이다. 그게 어렵다면 차라리 아무 말도 하지 않는 게 낫다. 불교 수행자가 묵언수행을 하는 것도 아마 그 때문일 것이다. 말이라고 다 말이 아니다. 말에도 종류가 있다. 말에도 빛깔이 있고 온도가 있음을 잊지 말자.

09. 중도 — 8정도 — 정업

'업'(業)이라는 글자에 대해 관심을 가져본 적이 있는가? 나는 한평생 학교 선생으로 살아온 터라 '업'이라는 이 글자에 대해 무심할 수 없다. 학교 선생은 '수업'이라는 것을 기본 업무로 하기 때문이다. 그런데 수업도 수업이지만 그것과는 별도로 나에게는 이 '업'이라는 말이 준 어떤 특별한 인상이 있다. 아득한 옛날 고등학교 시절 불교와 관련해 '업장'이니 '업보'니 하는 이야기를 처음 들으면서 이게 우리네 인생에 대한 참 기발한 설명 도구라는 생각이 들었던 것이다. 우리의 일거수일투족 모든 행위들은 시간이 지난다고 사라지는 게 아니라 소위 업(karma 혹은 kammanto)으로 쌓이고(業障), 그것에 대해 반드시 응분의 결과가 뒤따른다(業報)는 것이니, 이게 우리의 모든 길흉화복에 대한 완벽한 설명이 되는 것이다. "지금 네가 이런 건 다 너 자신이 한 짓의 대가인 거야…" 그런 식이다. 더욱이 "특별히 나쁜 짓 한 게 없고 선량하게 성실하게 살아왔는데도 지금 내가 왜 이런 불행을 겪는 걸까…" 하는 의문이 들 때도, 여기에 소위 윤회전생이라는 장치가 추가로 작동하면서 전생의 업보 운운하면 더 이상 할 말이 없게 되는 것이다. "그건 다 전생의 업보인 거야…" 그러면 어떤 복에 대해서도 어떤 화에 대해서도 완벽한 설명이 된다. "햐~ 참, 인도 사람들…" 혀를 내두르며 감탄하지 않을 수 없다.

확인할 수야 없지만 이게 정말 진실이라고 전제한다면, 우리는 우리의 일체 행위들에 대해 그 선악을, 혹은 옳고 그름을 고려하지 않을 수가 없다. 그게 다 업이 되기 때문이다.

이런 맥락에서 우리는 부처의 이른바 8정도 중 하나인 '정업'(正業: 바른 행위)이라는 것을 주목하게 된다. 올바른 업, 올바른 행위. 그런데 그게 뭘까? 구체적으로 어떤 게 올바른 행위일까? 고맙게도 우리는 부처 본인으로부터 그 설명을 들을 수가 있다. 《잡아함경》에서 그는 정업을 이렇게 설명해준다.

어떤 것이 바른 행위(正業)인가? 바른 행위에는 두 가지가 있다. 하나는 세속의 바른 행위로 번뇌와 집착이 있으나 선취로 향하게 한다. 다른 하나는 세속을 벗어난 지혜로운 자의 바른 행위로 번뇌와 집착이 없고 괴로움을 바르게 다하여 괴로움의 소멸로 향하게 한다.

세속과 탈세속, 두 차원의 바른 행위가 일단 구별된다. 그런데 우리는 세속에 있으니 일단 세속의 그것이 먼저 관심사가 된다.

Katamo ca bhikkhave, sammākammanto: yā kho bhikkhave, pāṇātipātā veramaṇī adinnādānā veramaṇī abrahmacariyā veramaṇī, ayaṃ vuccati bhikkhave, sammākammanto.

비구들이여, 번뇌와 집착이 있으나 선취로 향하게 하는 세속의 바른 행위(正業)란 어떤 것인가? 이른바 죽이는 것, 도둑질, 음행, 이것을 떠나는 것을 일러 세속의 바른 행위라고 한다.

이게 그 설명이다. 아주 구체적인 언급이다. 죽이는 것, 도둑질, 음행을 하지 않는 것이다. 한어로는 이를 살생(殺生), 투도(偸盜), 사음(邪淫)이라고도 말한다. (기독교로 치면 십계명과 일부 겹친다.) 최소한 이런 나쁜 짓을 하지 않는 게 올바른 행위(正業)라는 말이다. 쉽게 납득이 된다. 이 세 가지가 바르지 못한 신업(身業)의 대표적인 것이기 때문에 이것을 예로 들어 말하는 것이다. 이게 저 먼 2천 수백 년 전의 인도에서 있었던 일들임을 생각해보면 동서고금을 막론하고 인간의 하는 짓들이란 참….

그런데 이런 건 아주 구체적으로 우리 눈앞에 그 장면을 그려봐야 한다. 혹은 나 자신이 그 피해자라고 생각해봐야 한다. 그러면 이게 바르지 못한 업이라는 데 대해 더 이상의 어떤 설명도 필요 없을 것이다. 이 중 어느 하나에라도 걸린다면 그건 평생 지울 수 없는 상처가 된다. 우리가 사는 이 세상에서는 실제로 무수한 살인이 저질러진다. 연쇄살인도 있고 심지어 전쟁과 테러 같은 대량 학살도 있다. 강도와 도난은 거의 일상다반사다. 불륜도 너무나 흔해 이젠 법적으로 죄도 아니게 되었다. 심지어 특수폭행인 강간도 부지기수다. 어디 이 세 가지뿐이겠는가. 바르지 못한 행위는 열 손가락으로도 모자란다. 이런 악행론을 일일이 펼치자면 열 손가락이 아니라 천수관음의 만 손가락을 다 동원해도 모자랄 것이다.

나는 불교의 매력이랄까 설득력 중의 하나가 그 구체성에 있다고 생각한다. 우선 이렇게 나쁜 짓을 구체적으로 일러주며 이런 짓을 하지 말라는 것이다. 그렇게 하지 않는 것이 해탈로 가는 길 중의 하나라는 것이다. 마치 저 포퍼의 '단편적 사회공학'과 구조적으로 흡사하다. 추상적인 선의 실현을 위해 힘쓰기보다 구체적인 악의 제거를 위해 힘쓰라는 것이다.

그렇게 하나씩 하나씩 빼기를 해나가다 보면, 혹은 지우기를 해나가다 보면, 그 끝에 어떤 청정한 무언가가 남을 것이다. 그게 꼭 영롱한 사리가 아닌들 어떠리. 살생과 투도와 사음이 없어진 곳, 그런 곳이라면 그것만 해도 제법 극락정토에 가깝지 않을까. 그런 상태라면 저 해탈이라는 것도 상당히 가까이에 와 있지 않을까. 현실 속에 가득한 그런 '바르지 못한 행위들'을 고려하면 그런 생각도 해보게 된다. 세상의 혼탁과 해탈의 청정 사이, 그 거리는 과연 얼마나 될까? 한 발짝 거리일까, 혹은 구만 리 먼 길일까? 그 거리는 마음의 유무로 정해진다.

10. 중도 — 8정도 — 정명

Katamo ca bhikkhave, sammāājīvo: idha bhikkhave, ariyasāvako micchāājīvaṃ pahāya sammāājīvena jīvikaṃ kappeti, ayaṃ vuccati bhikkhave, sammāājīvo.

비구들이여, 정명(正命)이란 무엇인가? 성스러운 제자들(ariyasāvako)이, 잘못된 생계를 버리고, 바른 생활로 생계를 유지하는 것, 이것을 정명이라 한다. 《상윳따 니까야》(5-45-8)

어떤 것을 바른 생활(正命, sammā-ājīīva)이라 하는가? 집착이 없이 마음의 해탈을 잘 생각하여 관찰할 때, 무리하게 구하지 않고, 분수를 알아(욕심이 적어) 만족할 줄 알며, 남을 속이는 (온갖 기술과 주술의) 삿된 직업으로 생활하지 않고 다만 법으로써 옷을 구하며, 법이 아닌 것을 쓰지 않으며, 또한 법으로써 음식과 자리를 구하며, 법답지 않은 것은 따르지 않는 것, 이것을 바른 생활이라 말한다. 《중아함경》 제7권 분별성제경(分

別聖諦經)

어떤 것이 바른 생활(正命)인가? 바른 생활에는 두 가지가 있다. 하나는 세상 사람과 세속의 바른 생활로서, 번뇌가 있고 취함이 있으면서 좋은 세계로 향하는 것이요, 하나는 성인과 출세간의 바른 생활로서, 번뇌가 없고 취함이 없어, 바로 괴로움을 없애 괴로움의 끝으로 향하는 것이다. 어떤 것을 세상 사람과 세속의 바른 생활로서, 번뇌가 있고 취함이 있으면서 좋은 세계로 향하는 것이라 하는가? 의복, 음식, 침구, 탕약을 법답게 구하여 법답지 않은 것이 아니니, 이것을 세상 사람과 세속의 바른 생활로서, 번뇌가 있고 취함이 있으면서 좋은 세계로 향하는 것이라고 한다. 어떤 것을 성인과 출세간의 바른 생활로서, 번뇌가 없고 취함이 없어, 바로 괴로움을 없애 괴로움의 끝으로 향하는 것이라고 하는가? 거룩한 제자는 괴로움(苦)을 괴로움이라고 생각하고, 괴로움의 발생(集), 소멸(滅)도 그게 맞다고 생각하며, 소멸에 이르는 길(道)도 그게 맞다고 생각하여, 모든 삿된 생활에 대해 번뇌가 없고, 좋아 집착하는 것 없이 굳게 지키고 잡아 지녀 범하지 않되, 때를 벗어나지 않고 한계를 넘지 않으면, 이것을 성인과 출세간의 바른 생활로서, 번뇌가 없고 취함이 없어, 바로 괴로움을 없애 괴로움의 끝으로 향하는 것이라고 하느니라. 《잡아함경》 제28권 785경 광설팔성도경(廣說八聖道經)

나는 학교에서 '인생론'이라는 교양과목을 강의하고 있는데, 거기서 '의식주'라는 걸 주제의 한 꼭지로 다루고 있다. '인생론'이라는 좀 철 지난 느낌의 제목도 그렇고 '의식주'라는 내용도 그렇고 그딴 게 무슨 철학이냐며 흰 눈을 뜨는 사람도 없지 않은데, 나는 이게 내가 전공한 저 고답적인 형이상학보다도 훨씬 더 중요한 진짜 철학이라고 단언할 수 있다. 왜냐하면 의식주라는 게 보통 사람에게는 사실상 인생의 대부분이기 때문이다. (공부와 일이라는 것도 다 "먹고살자고 하는 짓이다"라는 시중의 저 흔한 농담도 그 진실을 알려준다.) 그래서 나는 이런 시를 쓴 적도 있다.

돌아보니 나,
고달픈 육신 추스르면서
하루 세 끼, 한평생 98,550끼
먹고 살았고
하루 여덟 시간, 한평생 무려 30년
자고 살았고
최소 하루 두 번, 한평생 65,700번
입고 벗으며 살아왔네

먹고 자고 입는 일
인생이었네

한평생 읽고 쓴 육중한 철학책들
문득
깃털처럼 가볍네
진실은 늘
가까워서 멀었네[11)]

그런데 이걸 저 심오한 불교가 건드리고 있다는 걸 아는 사람은 그다지 많지 않다. 물론 그 철학적-인생론적 의의를 논하는 그런 건 아니다. 이게 (즉 의식주가) 정당한 것이어야 한다는 그런 이야기다. 그런 걸 정말 부처가 언급했나? 그렇다. 어디서? 어떻게? 저 유명하고도 유명한 초전법륜에서다. 저 유명하고도 유명한 이른바 '8정도'의 '정명'(正命, sammā-ājīva: 바른 생활, 바른 생계)이라는 게 바로 그거다. 이 '명'(ājīva)이라는 게 바로 '먹고사는 것'이다. 부처도 그게 삶의 기본적인 것임을 인식하고 있었고 전제로 하고 있었던 것이다. 증거도 있다.

어떤 것이 바른 생활(正命)인가? 의복, 음식, 침구, 탕약을 법답게 구하고, 법답지 않은 방법으로 구하지 않는 것을 말한다. 《잡아함경》 제28권 784경 사정경(邪正經)

11) 이수정, 《푸른 시간들》 중 〈어느 구순의 인생론〉

이렇게 의식주가 구체적으로 언급되어 있다. ('약'이 하나 더 추가되어 있다. 아프면서 살아야 하는 현실을 생각하면 이것도 의식주 못지않게 중요한 항목이기는 하다.) 이 외에도 많다. 그런데 부처는 왜 굳이 이걸 여덟 가지 올바른 길 중의 하나로 제시했을까? 짐작건대 사람들이 온 삶을 여기에 (즉 의식주에) 다 쏟아 붓고 더욱이 온당하지 못한 방법으로 [법답지 않은 잘못된 생계로] 이걸 추구하고 바로 그 때문에 '고'를 초래하기 때문일 것이다. 그래서 그게 '건너가기'(해탈)를 방해하기 때문일 것이다. "무리하게 구하지 않고, 분수를 알아 만족할 줄 알며, 남을 속이는 삿된 직업으로 생활하지 않고 […] 법답지 않은 것은 따르지 않는 것"(《중아함경》 제7권 분별성제경), 이런 언급이 역으로 그걸 알려준다. 무기, 사람, 동물, 술, 독약 등의 다섯 가지 장사를 금한다는 구체적인 내용도 있다(《앙굿따라 니까야》 장사경 A5:177). 이런 법답지 않은 것들로 생계를 꾸려가는 것은 21세기인 지금도 여전히, 아니 더욱더 현실이다. 부처는 그런 걸 경계하는 것이다.

요즘 식으로 말하자면 이 생계라는 것은 다 '돈'으로 압축된다. 그게 '고'의 원천인 것이다. 누가 이것을 부인하랴. 사람들은 이것을 차지하기 위해 온 인생을 건다. 살벌하게 경쟁하고 훔치고 빼앗는 건 예사고 심지어 죽이기도 하고 죽기도 한다. 횡령도 사기도 도박도 투기도 … 다 그 범주 안에 있다. 그렇게 차지한 돈으로 호화로운 음식을 탐하고 명품을 몸에 걸치고 아방궁을 짓는다. 그 밖에도 온갖 호사를 추구한다. 현대인의 삶을 폭넓게 그리고 깊숙이 지배하는 주식이니 부동산이니 하는 것도 다 그 '명'(命: 생계, 생활, 생업, 먹고사는 것)과 연관된 것이다.

고행의 과정에서 먹지 않아 쓰러져본 적이 있는 부처다. 수자타의 우유죽을 먹고 되살아나본 적이 있는 부처다. 80평생 어쨌든 옷을 걸쳤던 부처다. 80 평생 어쨌든 매일 자리에 누웠던 부처다. 그가 평생 먹지 않고 살았다는 말도 들은 적이 없고 알몸으로 다녔다는 말도 들은 적이 없고 맨땅에 누워 잤다는 말도 들은 적이 없다. 그런 건 인간이 아니다. 그러니 그도 당연히 의식주의 필요성 내지 중요성은 알았을 것이다.

다만, 다만, 다만, 그것을 '온당하지 않은 방법으로' 구하지는 말아야 한다는 것이다. 출가자인 그에게는 그 대안이, 즉 온당한 방법으로 구하는 것이 탁발이고 보시였을 것이다. 그 해당 장면은 불경 곳곳에 구체적으로 언급된다. 결국 우리가 귀담아 들어야 할 것은 그 '법답지 않은'[=부정한] 방법으로 구하는 것이다. 지금 우리 생활 주변에 실제로 넘쳐나고 있는 그런 것들… '무리하는 것, 분수를 모르는 것, 만족할 줄 모르는 것, 남을 속이는 것, 무기-사람-동물-술-독약 등을 파는 것' … 지금도 누군가는 이런 것으로 먹고살고, 더러는 떼

돈을 벌기도 한다. 무기상, 인신매매단, 마약상 …. (동물 판매와 주류 판매는 일단 합법화되어 있기는 하다.) 누구는 그러다가 망하기도 한다. 감옥에도 간다. 그런 게 '고'가 되지 않는다면…, 마냥 좋기만 하다면…, 그런 경우가 있는지는 잘 모르겠지만, 그렇다면 어쩔 수 없다. 말려도 소용없다. 그러나 그게(자신의 돈벌이가) '고'로 이어진다면, 그때는 부처의 언어에 귀를 기울여야 한다. 거기서부터 시작이다. '법답게 구하고…' 즉 '정명'의 길을 걸어야 한다. 그 길 끝에 아마 저 고요(니르바나)의 경지로 건너가는 조각배가 기다리고 있을 것이다.

11. 중도 — 8정도 — 정려

Katamo ca bhikkhave, sammāvāyāmo: idha bhikkhave, bhikkhu anuppannānaṃ pāpakānaṃ akusalānaṃ dhammānaṃ anuppādāya chandaṃ janeti vāyamati viriyaṃ ārabhati cittaṃ paggaṇhāti padahati. Uppannānaṃ pāpakānaṃ akusalānaṃ dhammānaṃ pahānāya chandaṃ janeti vāyamati viriyaṃ ārabhati cittaṃ paggaṇhāti padahati. Anuppannānaṃ kusalānaṃ dhammānaṃ uppādāya chandaṃ janeti vāyamati viriyaṃ ārabhati cittaṃ paggaṇhāti padahati. Uppannānaṃ kusalānaṃ dhammānaṃ ṭhitiyā asammosāya bhiyyobhāvāya vepullāya bhāvanāya pāri- pūriyā chandaṃ janeti vāyamati viriyaṃ ārabhati cittaṃ paggaṇhāti padahati, ayaṃ vuccati bhikkhave, sammā- vāyāmo. (*Sutta Pitaka* Vol 2. Sutta. Tī. Ma.)

비구들이여, 정려(正勵, 팔리어 sammā-vāyāma, 산스크리트어 samyag-vyāyāma)란 무엇인가? 미발생한 불선(akusalānaṃ)은, 이것이 생겨나지 않도록, 비구들이 관심을 갖고 노력해 매진(viriya)하는 것이다. 발생한 불선은, 이것을 해소하도록, 비구들이 관심을 갖고 노력해 매진하는 것이다. 미발생한 선(kusalānaṃ)은, 이것이 생겨나도록, 비구들이 관심을 갖고 노력해 매진하는 것이다. 발생한 선은, 이것이 확대되도록, 비구들이 관심을 갖고 노력해 매진하는 것이다. 비구들이여, 이것을 정려라고 한다.

부처가 제시한 이른바 8정도 중에 '정정진'(正精進)이라는 것이 있다. (나는 개인적으로 가지런한 것을 좋아하는 터라 글자 수를 다른 7개와 맞추기 위해 이를 '정려'[正勵] 혹은 '정면'[正勉][12]이라 부르고 있다. 의미상으로는 큰 차이가 없다.) '바른 노력'이라는 뜻인데, 정진이라는 이 단어가 특별한 의미를 가지고 내 앞에 다가온 적은 별로 없었다. 그저 막연히 스님들이 득도를 위해 열심히 수행하는 것이겠거니 생각했다. 그런데 일본 유학 시절, 이 단어가 내 관심 한 귀퉁이에 머물렀다. 일본은 기본적으로 약간 불교국가라 내 생활 주변에 사찰이 많았고 불교와 관련된 이야기들도 상대적으로

12) '정면'(正面)과 동음이의라 헷갈릴 수 있지만, 이런 사정은 정견(政見), 정사(情事), 정명(正名), 정정(訂正)도 마찬가지라 구별해 주면 별 상관은 없다.

좀 많이 들려왔는데, '정진요리'(精進料理[쇼진료리])라는 것이 좀 흥미를 끈 것이다. 육식을 배제한 이른바 사찰 음식을 그들은 그렇게 불렀다. 먹어볼 기회도 있었는데, 보기도 좋았고 맛도 좋았다. 그것을 '정진요리'라 부르는 것이 흥미로웠다. 그게 계기가 되어 정정진이라는 것을 정면으로 바라보게 된 것이다. 요리는 사실 정진의 본질과는 별 상관이 없는 것이긴 했다.

그래서 일부러 찾아봤는데, '정진'이란 '관심을 갖고 노력해 매진하는 것'이었다. 그런데 그거야 당연한 것 아닌가. 사람이란 모름지기 그래야 한다. 그건 세상 누구나가 다 안다. 특히나 일본 사람들은 '간바루'(頑張る: 분발하다, 노력하다)라는 말을 입에 달고 사는 터다. 부처님씩이나 되는 분의 말을 굳이 기다릴 필요도 없는 것이다. 그런데 부처는 여덟 가지 '바른길'의 하나로서 왜 굳이 이 말을 한 것일까?

이유는 물론 있다. 아마도 첫째는 관심을 갖지 않고 게을러 노력하지 않으며 성심을 다해 매진하지 않는 사람들, 특히 그런 수행자들이 있기 때문일 것이다. 그것은 이 말의 표현 자체가 알려준다. 그런데 사실 더욱 중요한 것은 이 말의 내용이다. 무엇에 관심을 갖고 노력해 매진하라는 말인가? 그걸 제대로 아는 사람은 의외로 많지 않다. 그래서 우리는 부처 본인의 말을 직접 들어봐야 한다. 부처는 친절하게도 그 내용을 직접 일러준다. 정진, 즉 노력의 내용은 '선악'(선-

불선)에 관한 것이다. 그것에 관심을 갖고 그것을 위해 노력하라는 말이다. 어떤 노력? 이런 노력이다. '선'은 있게 하고 '불선'은 없게 하라는 말이다. 그리고 (머리 좋은 인도인답게) 이걸 세분해서 구체적인 경우들을 알려준다. 넷이다.

①은 아직 없는 불선

②는 이미 있는 불선

③은 아직 없는 선

④는 이미 있는 선

이 각각에 대해 노력할 내용도 따로따로 언급해준다.

①은 안 생기게

②는 없어지게

③은 생겨나게

④는 많아지게

간단명료하다. 어려운 말은 하나도 없다. 듣는 즉시로 이해가 가능하다. 이렇게 말을 쉽게 한다는 건 모든 위대한 분들의 공통된 특징이다. 그러나 또 하나의 특징이 있다. 말은 쉽지만 그 실천은 참으로 쉽지 않다는 것이다. 오직 드문 자들만이 이 쉬운 말을 어렵게 실천한다. 그래서 정진이, 각고면려가 필요한 것이다. 그게 '정도'(바른길)인 것이다. 쾌락도 고행도 아닌 '중도'인 것이다.

주변을 둘러보고 확인해보라. 많은 사람들이 욕망의 추구에는 관심이 많지만, 선악에 대해서는 별 관심이 없다. 좋은 것은 좀처럼 생겨나지 않고 나쁜 것은 좀처럼 없어지지 않는다. 좋은 것은 좀처럼 늘어나지 않고, 나쁜 것은 너무나 쉽게 생겨난다. 이게 부처의 그때나 우리의 지금이나 변함없는 현실이다. 동서고금 보편의 현상이다. 부처는 그걸 다 꿰뚫어 보고 있었던 것이다. 더욱이 그는 악의 적극성과 선의 소극성도 알고 있었다. 그래서 불선을 선보다 먼저 언급한 것이다. 저 발언의 순서에도 의미가 있는 셈이다.

우리는 초전법륜의 이 말을 21세기의 뉴스들 속에서 확인한다. 불선은 흔하고 선은 드물다. 선은 오늘날 거의 멸종 위기에 처해 있다. 선인은 참으로 희귀종이다. 반면에 악은 마치 저 미세먼지처럼 세상에 만연해 있고 테러리스트나 게릴라처럼 공격적이고 코로나 바이러스처럼 전파력이 강하다. 정진이 필요한 이유가 바로 거기에 있다. 정정진, 올바른 노력, 각고면려, '선'을 위한 …. 부처의 입에서 나온 이 단어는 그래서 저 2천 수백 년의 세월을 넘어 아직도 유효한 것이다. 아니, 2천 수백 년이 더 지난 후에도 여전히 유효할 것이다. 인간에게 선이 있고 그리고 악이 있는 한.

12. 중도 — 8정도 — 정념

비구들이여, 바른 마음 두기(正念)의 도는 무엇인가? 이 가르침에 따라 비구는, 이 '몸'(身)을 단지 무상하고 괴롭고 제어할 수 없는, 추하고 즐겁지 못한 물질(色)이나 물질의 무더기(色蘊)라고 인식하고, 무상하고, 괴롭고, 제어할 수 없고, 추하고, 즐겁지 못한 몸(물질의 무더기)을 알아차리면서 머문다[身念處]. 그렇게 하기 위해 비구는 열심히, 마음을 챙겨서, 바르게 이해하면서, 오온(五縕)의 세계나 물질세계에 대한 탐욕과 비탄을 버린다. 바르게 이해하지 않으면 이러한 탐욕과 비탄은 일어나게 되어 있다. 그는 '느낌'(受)을 단지 무상하고 괴롭고 제어할 수 없는 느낌으로 지켜보면서 머문다[受念處]. 그는 '마음'(心)을 단지 생각과 의식의 한 과정이고 무상하고 괴롭고 제어할 수 없는 것이라고 알아차리고, 마음을 지켜보면서 머문다[心念處]. 그는 '마음의 대상'(法)을 단지 보고 듣는 등의 현상으로서 무상하고 괴롭고 제어할 수 없는 것이라고 알아차리고, 마음의 대상을 지켜보면서 머문다[法念處]. 이렇게 알아차리기 위해 비구는 열심히 알아차려서 이해하고 느낌, 마음, 마음의 대상, 즉 오온(五蘊)의 세계에서 일어나는 탐욕과 비탄을 극복하면서 머문다.

비구들이여, 올바르게 이해하기 위하여 이렇게 알아차리는 것을 바른 마음 두기(正念)라고 한다. 《염처경》(念處經, *Sati-patthana Sutta*)

부처가 제시한 이른바 8정도 중에 '정념'(正念, 팔리어 sammā-sati, 산스크리트어 samyak-smṛti)이라는 것이 있다. 일상적으로는 이 말을 할 일도 들을 일도 거의 없다. 조금 지식이 있는 사람이라면 이게 불교 용어라는 걸 금방 안다. 그러나 그 내용이랄까 의미를 제대로 아는 사람은 과연 몇이나 될까? 스님들은 다 알까? 철학을 전공한 나도 학생 때는 그 명칭만 알았지 그 내용에 대해서는 별로 아는 바가 없었다. 깊이 생각할 계기도 없었다. 그런데 이것도 역시 일본 유학 시절, 조금 마음에 걸리기 시작했다. '쇼넨바'(正念場)라는 말을 들으면서다. 일본 전통극인 가부키(歌舞伎), 조루리(浄瑠璃) 등에서 주역이 그 배역의 특징을 발휘하는 가장 중요한 장면, 혹은 진가를 발휘해야 할 특별한 순간, 결정적 국면, 그런 것을 그들은 그렇게 불렀다. '불교 용어가 일상 속에서 이렇게도 쓰이네?' 그런 약간의 흥미로움을 느낀 것이다. 그래서 한번 제대로 찾아보고 그 의미를 새겨본 적이 있었다. 원래는 꼭 그런 뜻은 아니었다. 다행히 부처의 설명은 알아듣기 쉬웠다. 경전을 통해 내가 이해하기로는 '념'(念, sati)이라는 게, 우리가 '묵념!' 하듯이 뭔가를 생각 속에, 마음속에 떠올리는 것이다. 그리고 그것에 지속적으로 마음을 두는 것이다. 의식하는 것이다. 염두에 두는 것이다. 이해하고서 생각과 마음에 담아두는 것이다. 주의를 기울이고 알아차리는 것이다. 집중하고 주의하고 기억하는 것이다. '지켜보면서 머무는 것'이다. 대략 그런 것이다. 그런 것을 부처는 'sati'라 불렀고, 중국인들은 '념'이라 옮긴 것이다.

이렇게 말해도 이게 어떤 것인지 아직 잘 이해가 안 되는 사람도 있을 것이다. 나는 이게 꼭 사랑에 빠진 사람이 애인을 생각하는 그런 상태와 비슷한 거라고 받아들였다. 오매불망, 그야말로 일념으로 '그/그녀'만을 생각하는 그런 '상사'(相思)의 상태가 바로 '념'인 것이다. 이렇게 생각하면 이해하기가 쉽다. 사랑을 해본 사람이라면 곧바로 이게 어떤 건지 알 것이다. 이 이상 무슨 설명이 더 필요하겠는가. 혹은 먹보가 먹을 것을 생각하는 것, 사업가가 돈을 생각하는 것, 정치인이 표를 생각하는 것, 그런 것도 다 이 '념'에 해당한다. 머릿속에 온통 그 생각뿐인 것이다.

그런데 설마하니 부처님이 그런 것에 골몰하라고 했겠는가. 여기서도 중요한 것은 그 내용이다. 무엇에 골몰하라는 말인가? 신(身: 신체), 수(受: 느낌), 심(心: 마음), 법(法: 현상)이라는 이른바 4념처(四念処)를 일념으로 생각하라는 것이다. 그런 것에 골몰하라는, 집중하라는, 지속적으로 거기에 마음을 쓰라는, 주의를 기울이라는, 알아차리라는 것이다. 그런 게 '올바른 념'이다. 왜? 왜 하필 그런 것을? 왜냐하면 그것이 '무상하고 괴롭고 제어할 수 없는 것'이기 때문이다. 몸도 그렇고 느낌도 그렇고 마음도 그렇고 모든 현상(마음의 대상)도 그렇기 때문이다. 살아보면 정말로 그렇다는 걸 자연스럽게 알게 된다. 이게 결국은 다 '무상하고 괴롭고 제어할 수 없는 것'이다. 이것들이 그렇다는 사실을 일념으로 생각하라는 것, 그것이 바로 '바른 념'인 것이다. 구체적으로 덧보태자면, 그것들이 (특히 몸이) 추하고 즐겁지 못함을 인식하라는 것이다.

어느 정도 상식이지만, 부처는 이런 것에 대해 참으로 부정적이다. 범속한 사람들과는 정반대다. 그는 왜 굳이 이렇게 생각하고 이렇게 가르친 걸까? 왜냐고? 그는 알았기 때문이다. 그 실체를. 그것을 바르게 이해하지 않으면 '탐욕과 비탄이 일어나게 되어 있다'는 것을. 요컨대 그것들이 바로 '고'의 원인이 된다는 것을 알았기 때문이다. 부처의 논리는 참으로 간단명료하다. 헛된 것에 대해 그 실체를 모르고 집착하면 비탄(domanassa) 즉 괴로움을 야기한다는 것이다. 그러니 그것을 깨닫고 집착하지 말라는 것이다. 그의 모든 언어들은 이 기본 틀을 벗어나지 않는다. A 때문에 B가 있는 것이니, B가 없으려면 A가 없어야 한다, 그런 것이다. 이해를 위해 극도로 단순화시키자면 A와 B의 있음이 나쁜 것이고 A와 B의 없음이 좋은 것이다. A가 집착이고 B가 고뇌다. 그리고 nonA가 떠남이고 nonB가 해탈이다. 이 좋음과 나쁨은 모든 인간들에게 항구적인 실존적 선택지로서 가로놓여 있다. 우리도 키에게고처럼 '이것이냐 저것이냐'(enten-eller)를 선택하지 않으면 안 된다. 그래서 부처의 말은 쉽지만 그 실행은 결코 쉽지 않은 것이다. 자, 이제 어쩔 것인가. 일념으로 생각해볼 일이다. A인가 비(非)A인가, B인가 비(非)B인가. 집착인가 방하인가, 고뇌인가 해탈인가.

13. 중도 — 8정도 — 정정

이른바 8정도(해탈로 가기 위한 여덟 가지 올바른 길)의 마지막에 '정정'(正定)이라는 것이 있다. 이런 건 다른 대부분의 철학 개념들처럼 말만 들어서는 뭔지 도무지 알 수가 없다. 설명이 필요하다. 그래서 나도 그 설명들을 좀 뒤져보았다. '마음을 하나의 대상에 집중, 통일시킴으로써 마음을 가라앉힘. 흔들리지 않는 마음. 고요함, 적멸, 적정의 명상 상태 또는 정신집중 상태' 등으로도 설명된다. 그래도 여전히 뭔가 어렵다. 한어화된 것은 대체로 그리고 기본적으로 다 그런 어려운 인상을 준다. 나는 체질적으로 이런 걸 별로 좋아하지 않는다. 쉽게 풀어주지 않으면 직성이 풀리지 않는다. 그래서 쉬운 풀이를 시도해본다.

'정정'이란 (틀린 것을 고친다는 '정정'[訂正]이 아니라) '올바른 선정'이라는 것인데 선정(禪定)이라는 것도 보통 사람들에게는 낯설다. 차라리 '삼매'(三昧, 팔리어 sammāsamādhi, 산스크리트어 samyak-samādhi)라고 옮겨진 원어가 더 알기 쉬울지도 모르겠다. 이건 '독서삼매' 등을 통해 우리에게 약간 익숙하기 때문이다. 다른 모든 걸 잊고 오로지 거기에만 집중해 폭 빠져 있는 상태를 일컫는다. 간단히 '참선으로 도달한 절대적 안정 상태'라고 하면 아마 선정이 뭔지 더 이해하기가 쉬울 것이다. '안정'이 어떤 것인지 모를 사람은 없다. 누구나가 다 안다. 일단 이렇게 접근해 들어가자.

그런데 이 말이 왜 부처의 입에서 나온 걸까? 왜 하필 이걸 '정도'의 하나로 제시한 걸까? 이유는 간단하다. 우리가, 인간들이, 인간들의 마음이, 보통 '안정'되지 못한, 불안정한 것이기 때문이다. 그게 불교의 시발점인 '고'와 연결되기 때문이다. 이걸 이해하고 공감해야만 비로소 부처의 이 말은 우리 안에서 의미를 가질 수가 있다. 이걸, 이 바탕을 이해하고 공감하지 않으면 아무런 의미가 없다. 많은 사람들에게 그렇듯, '지적 대화를 위한 넓고 얕은' 한갓 지식으로 끝나고 만다. 조금 '있어 보이는' 데는 도움이 될 것이다. 그러나 중요한 것은 '마음의 불안정'이라는 우리의 현실이다. '고'의 일종인, 혹은 '고'와 연결되는 '마음의 불안정…', 그건 부처가 설명해준다. 들어보자.

선정이란 모든 산란한 마음을 쉬는 것이다.
어지럽게 이리저리 나부끼기로는 기러기 털보다 가볍고, 쉬지 않고 내달리고 흩어지기로는 빨리 지나는 바람 같고, 제지하기 어렵기로는 원숭이보다 더하고, 잠깐 나타났다 순식간에 사라지기로는 번개보다 더 빠른 것이 마음이다.

선정은 지혜를 지키는 창고요, 공덕을 지닌 복전이다. 선정은 맑고 깨끗한 물이어서 온갖 더러운 욕망을 씻어준다. 선정은 금강으로 만든 투구여서 번뇌의 화살을 막아주니, 무여열반을 얻지 못해도 열반의 기분을 맛볼 수 있다.

선정은 얻기 어려우니 수행자는 일심으로 구해야만 얻을 수 있다. 천상의 신이나 세속을 떠나 유행하는 사람들(仙人)도 쉽게 얻지 못하는 것이 선정이다. 하물며 세속에서 온갖 쾌락에 젖어 지내는 게으른 범부에게 선정이 쉬운 일이겠는가. 〈대지도론〉 제17권

여기서 우리가 이해 못할 말은 거의 없다. 이런 게 부처의 언어다. 그의 언어는 친절하고 따뜻하다. 그래서 한갓 개념이 아닌 것이다. 마음이 이러니 선정을 하라는 것이다.

우리의 마음이라는 게 실제로 그렇다. 내 마음은 '호수'요 '촛불'이다. '나그네'요 '낙엽'이다. 출렁이고 흔들린다. 정처 없고 팔랑인다. 그게 번뇌라는 것이다. 그게 '고'인 것이다. 이걸 모르는 사람은 없다. 이게 좋은 사람도 없다. 그래서 고

요한 안정이 필요한 것이다. 그래서 그걸 추구하는 것이다. 그게 '선정'이고 '삼매'다. 그게 길이라는 것이다. 고를 벗어나기 위한 길, 해탈로 가는 길이다.

그럼 바르다는 것은? 좀 전문적으로는 '초선'에서 '이선', '삼선', '사선'에 이르는 단계가 있는 것 같다. 그건 비구들(출가수행자들)에게 하는 말이다. 스님들은 잘 알 것이다. 아마도 절간의 선원, 선방에서 그들은 이런 단계를 거칠 것이다. 《대념처경》에서는 이걸 이렇게 설명한다.

비구들이여, 바른 삼매(三昧)란 무엇인가?

비구들이여, 비구가 감각적 욕망들을 완전히 버리고 불선한 법들을 버린 뒤,

① 일으킨 마음(위딱까, vitakka)

② 지속적 고찰(위짜라, vicāra)

③ 희열(삐띠, pīti)

④ 행복(수카, sukha)

⑤ 집중(에깍가따, ekaggatā: 일념)

이 있는 '초선'을 구족(具足)하여 머문다.

일으킨 마음과 지속적 마음을 가라앉혀 자기 내면의 것이고, 확신이 있으며, 마음의 단일한 상태이고, 일으킨 마음과 지속적 마음은 없고, 삼매에서 생긴

① 희열(삐띠, pīti) ② 행복(수카, sukha) ③ 집중(에깍가따,

ekaggatā)
이 있는 '이선'을 구족하여 머문다.

희열이 사라져 평온하게 머물고, 알아차리고 분명히 알면서 몸으로 행복을 경험하며 성인이 이르기를

'평온하고 알아차리며

① 행복 ② 집중

으로 머문다.'

고 묘사하는 '삼선'을 구족하여 머문다.

행복도 버리고 괴로움도 버리고, 이전에 이미 기쁨과 슬픔이 소멸하여 괴롭지도 즐겁지도 않으며,

① 평온 ② 집중

으로 알아차림이 청정한 '사선'을 구족하여 머문다.

비구들이여, 이 네 가지 선정(사선정)을 바른 삼매라고 한다.

《대념처경》(디가 니까야 D22), 《진리의 분석경》(맛지마 니까야 M141)

좀 길다. 아무튼 잘 들어보면, 초선의 구성요소 다섯 가지(일으킨 마음과 지속적 고찰, 희열, 행복, 집중), 이선의 구성요소 세 가지(희열, 행복, 집중), 삼선의 구성요소 두 가지(행복, 집중), 사선의 구성요소 두 가지(평온, 집중)가 눈에 띈다. 나는 범속한 사람이라 이런 경지를 아직 잘 알지 못한다. 수행자들은 다 체득하고 있으려나 모르겠다.

"감각적 욕망들을 완전히 버리고 불선한 법들을 버린 뒤", "일으킨 마음과 지속적 마음을 가라앉혀 자기 내면의 것이고, 확신이 있으며, 마음의 단일한 상태이고, 일으킨 마음과 지속적 마음은 없고", "희열이 사라져 평온하게 머물고, 알아차리고 분명히 알면서 몸으로 행복을 경험하며", "행복도 버리고 괴로움도 버리고, 이전에 이미 기쁨과 슬픔이 소멸하여 괴롭지도 즐겁지도 않으며" … 이런 경지, 이런 삼매의 경지, 나에게는 아직 이런 것이 저 고등학교, 대학교 시절 어설프게 불교를 공부할 때와 크게 다를 바 없는 부담으로 남아 있다. 거기에 정말 희열, 행복, 집중, 그런 게 있을까? 그리고 거기에 정말 그런 없어짐, 사라짐, 소멸, 그런 평온이 있을까? 나는 잘 모르겠다. 가늠하기도 쉽지 않다. 확인은 더욱 쉽지 않다. 그러나 한 가지 분명한 것은 있다. 산란한 마음을 쉬어야 한다는 부처의 저 말이다. 지상의 모든 범부들을 대표하여 나는 말한다. 산란한 마음을 쉬고 싶다. 겪어봐서 알지만, 마음의 번뇌는 정말 좋은 것이 아니다. 힘들다. 그러니 살다가 한 번쯤은 고요히 마음을 가라앉혀보자. 수면이 거울처럼 맑아 고요해지듯이. 모든 욕망의 스위치를 내려놓고. 그런 한에서 이 '정정'은 대단히 유효하다. 이것만으로도 대단히 의미 있다. 꼭 가부좌를 튼 거창한 참선이 아니더라도….

14. 4성제 — 고집멸도

Idaṃ kho pana, bhikkhave, dukkhaṃ ariyasaccaṃ.

jātipi dukkhā, jarāpi dukkhā, byādhipi dukkho, maraṇampi dukkhaṃ, appiyehi sampayogo dukkho, piyehi vippayogo dukkho, yampicchaṃ na labhati tampi dukkhaṃ. saṃkhitte-na pañcupādānakkhandhā dukkhā.

비구들이여, 이것이 괴로움의 성스러운[거룩한] 진리[苦聖諦]이다.

태어남도 괴로움이고

늙는 것[늙음]도 괴로움이고

병드는 것[병]도 괴로움이고

죽는 것[죽음]도 괴로움이다. (근심[슬픔], 탄식[비탄], 육체적 고통, 정신적 고통[근심], 절망도 괴로움이다.)

싫어하는 대상[사랑하지 않는 것]들과 만나는 것도 괴로움이다.

사랑하는 것[좋아하는 대상]들과 헤어지는 것도 괴로움이다.
원하는 것을 얻지 못하는 것도 괴로움이다.
요컨대 취착의 다섯 가지 무더기(五取蘊) 자체가 괴로움이다.

언제부턴가 특정할 수는 없지만, 나는 불교를 이야기할 때, "펼치면 무한이요 접으면 한 줌이다"라는 말을 즐겨한다. 내가 직접 느낀 것인지 혹은 누군가에게 들은 것인지 분명치는 않다. 아무튼 나는 지금도 그렇게 생각한다.

팔만대장경이라는 말이 상징하듯이 불교의 사유 범위는 워낙 넓고 깊어서 보통 사람들에게는 거의 무한으로 보이는 게 사실이다. 유명한 《화엄경》, 《법화경》, 《아함경》을 비롯해 이른바 팔만대장경의 방대함이란…, 어휴~. 그런 반면에 불교만큼 그 핵심이 단순명쾌한 것도 그다지 많지 않다. 딱 한 글자다. 내가 생각하기로는 그 팔만대장경의 방대한 내용이 모두 다 '도'(度)라는 한마디로 압축된다. 건너가는 것이다. 무엇을? 어디서 어디로? 답은 '고'(dukkhā)라는 것이다. 이른바 '고해'라는 바다를 건너가는 것이다. 익숙한 말이다. 고의 발생에서 고의 소멸로 건너가는 것이다. 그 사이에 이른바 4성제[네 가지 성스러운 진리], 고집멸도(苦集滅道, dukkhā-samudayaṃ-nirodhaṃ-paṭipadā)가 가로놓여 있다. 즉 괴로움의 생성과 소멸, 좀 더 정확하게는 생성의 현상(苦)과 원인(集) 그리고 소멸의 결과(滅)와 방법(道)이 그것이다.

결국은 4성제(고집멸도) 네 가지가 모두 '고'와 관련된 것이다. 그러니 '고'라는 이 글자 하나를, 그 전후 맥락을 이해하지 못하면 그건 불교를 안다고 할 수 없다. 관련 지식이 짧아도 이 글자 하나를 제대로 이해하고 있다면 이미 부처의 제자라 할 수 있다. 반면에 팔만대장경을 다 외우고 있어도 정작 이걸 모르면 아직 부처의 제자라 할 수 없다. 그러니까 이게 불교의 핵인 셈이다.

이런 인식의 근거를 우리는 저 《초전법륜경》에서 찾을 수 있다. 보리수 아래서의 득도 후 처음 설한 법문에서 이 말을 꺼냈다는 사실 자체가 바로 이것이 불교의 출발점임을 알려준다. 순서상 '중도'(中道)와 '정도'(正道)를 먼저 말하고 있지만, 그 길이라는 건 어디까지나 길이지 최종 목적지는 아니다. 그 길의 '어디서-어디로?'를 생각하면 자명하다. 중요한 건 그 길이 가고자 하는 방향인 것이다. 목적지인 것이다. 그 길의 이쪽과 저쪽이 문제인 것이다. 그 이쪽이 고의 발생이고 그 저쪽이 고의 소멸이다. 그 이쪽에서 그 저쪽으로 가는 것이 바로 '도'(度)인 것이다. 고의 바다를 건너가는 것이다. 그것을 불교에서는 해탈 혹은 열반이라고 부르기도 한다.

왜 그는 이렇게, 이것으로, 그의 말문을 연 것일까? 거기엔 이른바 '3법인'이라 일컬어지고 있는 것, 세 가지 변함없는 진리, '제행무상', '제법무아', '일체개고'의 인식, 통찰이 있다. 특히 그중의 하나인 '고'(dukkhā)의 인식이 있다. 모든 게 다 괴로움이라는 것이다. 이 인식이 없으면 불교는 아예 성립되지 않는다. 이게 불교의 시발점이기 때문이다. 불교의 모든 것은 이 글자 하나에서 시작한다. 이른바 '사문유관'에서 젊은 싯다르타가 맨 처음 본 것이 바로 이것이었다. '고와 그 벗어남의 지향' 그것이었다. '노-병-사-출가수행' 그것이었다. 초전법륜에서 그는 이것을 분명히 말해준다. 늙음, 아픔, 죽음 … 이게 그 고의 구체적인 내용이다. 거기에 덧붙여 '태어남'과 이른바 '원증회고', '애별리고', '구부득고', '오온성고'도 아울러 말해준다. 생로병사+그것, 4+4다. 이른바 4고와 8고다. 넷이든 여덟이든, 숫자는 크지 않지만, 이 내용들은 하나하나 만만치가 않다. 글자 하나의 무게가 천근만근이다. 부처는 이걸 통찰했던 것이다. 이게 고임을, 이게 진리임을 알았던 것이다. 이걸 깨달았기에 그는 '깨달은 자' 즉 붓다라고, 부처라고 불린 것이다.[13]

13) "열어 보이는 분, 풀어서 밝히는 분, 모든 사물의 궁극에 통달하고 원망과 공포를 넘어서 눈뜬 분, 고타마…"(《숫타니파타》 167)라고 불리기도 한다.

15. 고성제 — 4고 — 생고(生苦)

jātipi dukkhā
태어남도 괴로움이고

'생로병사'(生老病死, jātipi-byādhipi-byādhipi-maraṇampi) 라는 말을 모르는 사람은 없다. 그런데 이게 불경에서 유래한다는 걸 아는 사람은 그다지 많지 않다. 부처의 입에서 나온 말이다. 《초전법륜경》에 기록되어 있다. 어느 정도 잘 알려진 바이지만 부처는 이 생로병사가 '고'라고, 즉 괴로움이라고 규정한다. 이른바 '4고'[네 가지 괴로움]다. 나는 부처의 이런 인식 내지 규정에 대해 백 퍼센트 납득, 수긍, 인정, 공감한다.

그 4고의 맨 처음에 '생'(生, jāti)이 언급된다. 이 말의 내용과 범위가 어떤 것인지, 부처 당시의 팔리어를 잘 몰라 정확한 의미를 특정하기는 한계가 있지만, 전문가들의 번역이나 해설을 보면 이게 '태어남'이라는 것은 분명해 보인다.

'태어남'이 괴로움이라고? 곧바로 고개를 끄덕이며 납득할 사람이 많지는 않을 것이다.14) 그렇지 않은가? 누군가가 태어났을 때, 우리 대부분은 기뻐하고 축하하지, 슬퍼하고 괴로워하지는 않는다. 태어나서 100일이 되고 1년이 되면 심지어 잔치도 벌인다. 그러니 태어남이 괴로움이라는 건 뭔가 아귀가 잘 맞지 않는다. 태어남이 과연 괴로움일까? 왜 괴로움일까? 생각해보자.

다른 사람은 어떤지 모르겠지만, 나는 평범하고 익숙한 사실에 대해 의문을 갖는 경우가 많다. 그게 철학의 본업이니 직업정신에 투철한 건지도 모르겠다. 모든 인간이 태어나자마자 울음을 터트리는 것에 대해서도 나는 그런 의문을 갖는다. 모든 아기는 태어나자마자 울음을 터트린다. 이른바 '고고성'(呱呱聲)이다. 울지 않으면 걱정을 하며 엉덩이를 때려서라도 울게 만든다. 도대체 왜지? 왜 하필 우는 거지? 갓난 아기니까 살포시 미소를 지을 수도 있는 일이다. 그게 곱디고운 아기에게 더 어울리는 모습이다. 그런데 웃지 않고 운다. 참 희한한 현상이다. 나는 이게 내내 의문이다. 왜 울까…?

그래서 이 현상과 관련해 이런저런 생각을 해보게 된다.

---

14) 부처 본인처럼, 자기 자식이 태어났는데, "라훌라!"(장애로다)라고 한탄을 하는 것은 예외 중의 예외다. 정말 별종이다.

이건 자연의 일부랄까 존재 현상이라서 우리 인간이 그 이유를 알 수는 없다. 영원한 수수께끼다. 우리에게 가능한 것은 그저 해석일 뿐이다. 나의 해석은 이렇다. 태어남이란 그 이후의 살아감과 죽음을 전제로 한다. 그것이 전제되지 않은 태어남이란 없다. 그런데 그 살아감과 죽음이 괴로움인 것이다. 하이데거의 지적대로 인간의 존재 자체가 이미 '죽음으로의 존재'(Sein zum Tode)인 것이다. 그리고 내가 한 말이지만, 인간의 출생은 '삶에의 참여/삶에의 진입'이고 '삶의 시작/삶의 개시'이다. 그 삶과 죽음이 바로 괴로움인 것이다. 그건 살아보면 안다. 얼마든지 증명이 가능하다. 산다는 것은 너무나 힘들고 아프고 괴로운 일이다. 살아간다는 것은 애당초 욕망의 추구인데 (그게 삶의 대원리인데) 그 욕망의 추구라는 게 그렇다. 성공하기보다 실패하는 경우가 훨씬 더 많다. 성공은 어렵고 실패는 쉽다. 구조적으로 그렇게 되어 있다. 그 진실성은 귀납적으로 밝혀질 수 있다. 즉 경험해보면 자연히 알게 된다는 말이다. 더욱이 이 살아감은 이 세상에서 진행된다. 이 세상이란 대부분의 경우 삭막한 사막이거나 살벌한 밀림과 같다. 엄청난 경쟁의 장이다. 그래서 살아감은 남들과의 각축전이 된다. 거기서 더러 승리하고 성취하여 인간들은 소위 행복이라는 것을 느끼기도 하지만, 그것도 한순간 혹은 잠시다. 영원히 지속하지는 않는다. 내가 여러 번 강조한 말이지만, 행복은 작고 적고 그리고 짧으며, 불행은 크고 많고 그리고 길다. 삶이란 본질적으로 이런 구조로 되어 있다. 그래서 힘들고 괴로운 것이다. 참으로 가혹하다. 그 어떤 부귀공명에도 예외는 없다. 그것들이 우리 인간에게 주는 행복이란 결국 한 줌이고 한순간이다. 모든 재벌과 모든 권력자와 모든 유공자와 모든 유명인들이 아마 줄을 서서 그 허망함을 증명해줄 것이다. 모든 미남과 미녀도 또한 마찬가지다. 그리고 그 끝은? 《홍루몽》의 〈호료가〉가 알려주듯이 결국은 다 거친 무덤의 한 무더기 풀로 사라진다(荒塚一堆草沒了). 죽음이 기다리는 것이다. 그래서다. 그래서 태어남은 '괴로움'인 것이다. 부처는 그걸 깨달은 것이다.

그게 어디 부처뿐이겠는가? 인도인들은 일찌감치 그걸 체득하고 있었다. 그래서 '윤회전생'이란 걸 꾸며냈던 것 같다. 아울러 거기에 '업보'라는 보조 장치도 끼워 넣었다. 태어남 자체가 업보라는 것이다. 끝없이 태어나고 또 태어남이 각자의 업에 대한 인과응보라는 것이다. 쉽게 말해 잘못에 대한 죗값이라는 것이다. 즉 처벌이라는 것이다. 그러니 그 태어남이 괴롭지 않다면 도리어 이상한 일이다. 그래서 '다시 태어남이 없다'15)는 걸 하나의 궁극적 경지처럼 말하기도 하는 것이다.

---

15) 《초전법륜경》 뒷부분 참조. "나의 해탈은 확고부동하다. 이것이 나의 마지막 태어남이며, 이제 더 이상의 다시 태어남(再生)은 없다."

부처의 저 말도 그런 맥락이다. “태어남도 괴로움이고…” 인정하지 않을 도리가 없다. 그래서 그는 이걸 ‘성스러운 진리’의 하나로, 더욱이 맨 처음으로 손꼽은 것이다. 그래서다. 그래서 세상의 모든 아기들은 태어나자마자 울음을 터트리는 것이다. “아이고 태어났구나, 또 태어났구나, 이를 어쩌나, 이제 이 험한 삶을 어떻게 살아갈고, 그리고 80년 후, 100년 후, 힘들게 가진 것들, 정든 것들, 다 남겨두고 어떻게 나 혼자 떠나갈고…” 응애응애, 우선은 울고 볼 일이다. 태어남은 ‘고’가 맞다. 성스러운 진리다.

16. 고성제 — 4고 — 노고(老苦)

byādhipi dukkho
늙는 것[늙음]도 괴로움이고

부처는 늙는 것이 괴로움이라고 말한다. 그리고 이것이 성스러운 진리(성제)라고 말한다. 너무너무 뻔한 말이지만, 부처의 모든 말들이 그렇듯 이 말도 사실 그렇게 단순한 게 아니다. 엄청난 내용을 담고 있다. 나는 이 말에 대해 격한 긍정과 묘한 부정을 함께 느낀다. 나는 지극히 평범한 보통 사람이라 아마 대부분의 사람들이 나와 비슷할 거라고 짐작한다.

'격한 긍정'에 대해서는 누구나 공감할 것이다. 늙는 것이 좋을 사람은 없으니까. 그러나 '묘한 부정'에 대해서는 설명이 좀 필요할 것 같다. 늙음의 장점도 없지는 않으니까.

나 같은 1950년대 생, 1970년대 학번들에게는 그 정신적 배경의 한편에 임어당(林語堂)이 쓴 《생활의 발견》이 있다. 그중에 '우아한 노경으로'라는 꼭지가 있었다. 거기서 그는 노경에 대한 미국인과 중국인의 태도를 대비하면서 '늙음의 긍정'이라고 할 만한 철학을 풀어놓았다. 그의 사고와 문장은 멋있었다. 특히 이 부분.

> "늙는다고 하는 것을 아무도 현실적으로 막을 수는 없다. 인간이 늙어가는 것을 인정하지 않으면 자기를 속이는 결과가 된다. 자연에 대해 아무것도 반항할 필요는 없으므로 우아하게 늙어가는 편이 낫다. 인생의 교향악은 평화, 고요, 안락, 정신적 만족의 위대한 피날레로 끝나야 할 것이며, 고장 난 북이나 찌그러진 심벌즈 소리로 끝나서는 안 된다."

자연스럽게 고개를 끄덕이게 된다. 아닌 게 아니라 우리 세대에게는 '멋있는 노인'에 대한 동경 같은 것도 없지 않았다. 우리가 어렸을 때는 주변에 그런 노인들이 제법 있었고 그들은 확실한 모범이었다. 그들이 보여준 원숙, 자애, 인자, 현명 … 그것은 인생의 어떤 '경지'이기도 했다. 거기에 박식이 곁들여지면 더할 나위 없다. 그래서다. 그래서 나는 늙는 것이 괴로움이라는 부처의 이 말에 대해 묘한 부정을 느끼는 것이다.

그러나 그럼에도 불구하고 나는 부처의 이 말에 대해 격한 긍정을 하지 않을 수가 없다. 누구든 직접 늙어보면 안다. 그건 누구에게나 예외 없이 찾아온다. 자연의 이치요 법칙이요 본연이기 때문이다. 몰골은 추해지고 기능은 떨어진다. 불편하다. 여기저기에 병이 난다. 병원의 단골손님이 된다. 백발은 귀엽게 봐준다 쳐도 탈모를 반기는 사람은 없다. 눈이 잘 안 보이고 귀가 잘 안 들리고 이가 흔들리는 걸 좋다 할 사람도 없다. 기력도 떨어져 금방 지치고, 기억력도 떨어져 친한 사람의 이름조차 가물거릴 때가 있다. 어떤 이에게는 치매도 찾아와 모든 아름다운 추억들도 소중한 지식들도 다 지워진다. 그게 늙음의 숙명이다.

요즘 같으면 거기에 퇴직의 쓸쓸함이 더해진다. 특별한 몇몇을 제외하면 대부분은 사회적 시선에서도 밀려난다. 아무도 알아주지 않고 봐주지도 않는다. 모든 관심에서 멀어진다. 거기서 "내가 왕년에…" 어쩌고 하면 영락없는 '꼰대' 취급이다. 애써 체력과 미모를 유지하고 젊은 체하는 사람도 없지 않지만, 그것도 사실은 꼴불견이다. 그래 봐야 그게 또 얼마나 가겠는가. 결국은 오십보백보다. 세월 앞에 장사 없다. 세월은 만인에게 공평하다. 한때 아기였고 어린이였던 모든 인간은 (요절하지 않는 한) 단 한 사람 예외 없이 다 늙은이가 된다.

30대에 부처가 된 그도 결국은 늙은이가 되었고 병에게 그 육신을 내주었다. 나도 엄마 등에 업혀 있던 기억이 엊그제 같은데, 어느새 60대 중반의 '아재', 아니 '할배'가 되고 말았다. 유엔에서는 65세까지를 청년으로 규정했다지만 그건 사기다. 사탕발림이다. 무슨 긴 말이 필요하겠는가. 늙는 것은 괴로운 일이다. '고'가 맞다. 그건 진리다. 자기가 직접 늙어보면 곧바로 안다. 그래도 아니라고 바득바득 우기는 사람이 있다면 요양원이나 노인병원에 한번 가보기를 권한다. 종로2가 탑골공원에도 증거는 많다. 자식에 의해 해외에 버려진 노인은 아마 가장 확실하게 이것이 진리임을 증언해줄 것이다. 늙는 것은 괴로운 일이다. 이런 것을 우리는 자명하다고도 하고 불문가지라고도 한다. 더 이상 무슨 긴 말이 필요하겠는가.

17. 고성제 — 4고 — 병고(病苦)

byādhipi dukkho
병드는 것[병]도 괴로움이고

벌써 한 10년쯤 전인 것 같다. 대략 50대 중반이었다. 비교적 건장할 때다. 친구들끼리 무슨 이야기를 하다가 K가 뜬금없이 손가락을 꼽아가면서 이런 소리를 했다. "어젯밤에 혼자 누워서 곰곰이 한번 따져봤더니 내 몸에 병이 총 열한 개더라. 안과, 치과, 이비인후과, 소화기 내과, 순환기 내과, 신경과, 비뇨기과, 피부과 … 완전 종합병원이야, 하하…" 그 말을 듣더니 또 다른 친구 P가 말했다. "야, 나는 거기다 대여섯 개가 더 붙어. 넌 나한테 게임도 안 돼. 하하…" 다들 웃었고 나도 따라 웃었지만, 이게 사실 웃을 일이 아니다. 나도 생각해보니 그 친구들과 금메달을 다툴 처지였다. 그중엔 근시나 무좀처럼 병 축에도 못 드는 그런 것도 포함되지만,

한때 목숨이 오락가락했던 것도 없지 않다. 누구에게나 한두 가지 그런 게 없지 않겠지만, 그 고통은 이루 말할 수 없다. 살면서 초강력 진통제의 신세를 져보지 않은 사람이 만일 있다면, 그런 건 정말 천운이 아닐 수 없다. 육신을 가진 인간치고 죽기까지 병에게 한 번도 그 몸을 내준 적이 없는 사람은 아마 단 한 명도 없을 것이다. 모든 인간은 다 환자거나 아니면 잠재적 환자다. 의사도 예외 없다. 어릴 때 아주 친했던 친구네 집이 동네에서 유명한 내과 의원이었는데, 한번은 원장님인 그 친구의 아버지가 서울에 있는 큰 병원에 입원해서 수술을 받은 적이 있었다. 치질이라고 들었다. 그때의 묘한 느낌을 지금도 기억한다. '아, 의사도 병에 걸리는구나…', 너무나 당연한 이야기지만 그때로서는 정말 기분이 묘했다. 병의 보편성…, 그건 진리였다. 누구나 대충은 알지만 이 말이 다른 누구도 아닌 부처의 입에서 나온다면 그 느낌은 또 다르다. 이른바 4고, 생로병사 중의 하나다.

나는 병이라는 이 녀석과 특별히 인연이 깊었다. 어머니가 나를 가지셨을 때, 하필 그때 병치레를 하신 탓에 나는 태어나면서부터 병약했다. 그렇다고 어머니에게 그 책임을 따질 수도 없는 노릇이다. 어릴 적에 겪었던 첫 식체와 두통…, 그런 것들의 그 첫 느낌은 아직도 기억 속에 비교적 선명하게 남아 있다. 고통스러웠다. 손가락을 실로 묶고 바늘로 따던 때의 통증도 기억한다. 감기로 병원에 갔을 때의 그 주사바늘의 공포도 기억한다. 그리고 자라면서 그건 더욱 심각한 것으로 다가왔다. 다니던 초등학교의 교장선생님이 위암에 걸리셨고, 친구의 큰아버지가 역시 간암에 걸리셨다. 50이 지나면서 주변의 윗세대들이 한 분씩 한 분씩 낯선 병명으로 고초를 겪으셨고, 이윽고 한 분씩 한 분씩 앞서거니 뒤서거니 차례로 세상을 떠나셨다. 은사 한 분은 치과에서 돌아가셨고 또 다른 은사 한 분은 췌장암으로, 친구 하나는 뇌종양으로 세상을 떠났다. 이윽고 가장 가까웠던 부모님들도 결국 몸의 일부가 병들어 나의 곁을 떠나셨다. 그 모든 것을 바로 곁에서 생생하게 다 지켜봤다. 아, 그 고통이란….

“병드는 것[병]도 괴로움이고…” 이 말의 진리성에 대한 증거는 가까운 데서만도 거의 무한정이다. 간접적으로도 이런 건 얼마든지 있다. 나는 개인적으로 저 1967년의 홍콩 영화 《스잔나》(珊珊)를 아프게 기억한다. 극중 여주인공 스잔나는 뇌암에 걸린 채로 연극 《홍루몽》의 여주인공 임대옥을 연기한다. 그런데 임대옥이 죽는 장면에서 스잔나 본인도 실제로 숨을 거둔다. 명연기였다. 그럴 수밖에 진짜로 죽은 거니까. 장면 속의 관객은 박수갈채를 보냈지만, 온 극장은 눈물바다였다. 스잔나를 연기했던 배우 리칭(李菁)이 대단한 미인이라 관객들에게 그 아픔은 더욱 컸다. (리칭 본인도 2018년 암 투병 끝에 고독사한 채로 발견되었다.) 소설 《홍루몽》을 읽을 때도 마찬가지였다. 임대옥의 병약함이 너무

안타까웠다. 그녀를 보낸 남주인공 가보옥의 아픔도 백 퍼센트 공감했다. 또 1970년에 전 세계를 울렸던 소설/영화 《러브스토리》도 마찬가지다. 제니가 병으로 죽었을 때, 올리버만 슬퍼했던 게 아니다. 그녀는 보스턴에서 죽었지만 나는 서울에서 울었다. 《닥터 지바고》의 유리가 모스크바에서 심장마비로 죽었을 때도 나는 서울에서 울었고, 《겨울연가》의 준상이가 시력을 잃었을 때는, 일본 열도의 아줌마들이 다 함께 아파했다.

모든 인간은 육신을 갖고 태어나 살아간다. 그 육신의 모든 부분은 이런저런 병에게 노출돼 있다. 언젠가 어딘가가 탈이 나 병이 된다. 병은, 그게 나의 것이건 남의 것이건, 우리 인간들에게 아픔이 되고 슬픔이 되고 괴로움이 된다. "병드는 것[병]도 괴로움이고…" 짧은 한마디지만 이게 괜한 말이 아니다. 어쩌다 그냥 나온 말이 아니다. 육체적 존재인 모든 인간의 피할 수 없는 숙명이다. 그래서 이건 진리인 것이다. 성스러운 진리(성제)인 것이다. 부처의 말이다.

18. 고성제 — 4고 — 사고(死苦)

maraṇampi dukkhaṃ

죽는 것[죽음]도 괴로움이다.

부처가 한 말이다. 이른바 4성제의 하나이고 그중 하나인 고성제의 하나이고, 그중 하나인 4고 중의 하나다. 이 말을 좀 음미해보자.

'죽음'이라는 것은 솔직히 말해 입에 담는 것부터가 편치 않다. 누군들 그렇지 않으랴.

"존재하는 이 세상 모든 것과의 절대적 이별인 죽음, 그것은 기본적으로 꺼림칙한 것, 두려운 것이다. 그리고 싫은 것, 슬픈 것이다. 대부분의 보통 사람은 죽음을 그러한 것으로 인식하며 그렇게 반응한다. 죽음이란 것은 본래 그런 것이다. 그래서 대부분의 죽음은 두려움, 공포, 슬픔, 비통, 애통, 그리고 눈물을 동반한다.”

이렇게 나는 쓴 적이 있다. 아주 예외적으로 그렇지 않은 경우도 있기는 하다. 유명한 이야기지만 장자(莊子)는 아내가 죽었을 때 항아리를 두드리며 노래를 부르기도 했다. 조문을 간 혜시(惠施)와의 공방을 보면 나름의 생각에서 나온 행동이기는 하다. 세상엔 별의별 사람들이 다 있으니 장자 같은 경우도 있을 순 있겠지만, 그건 별나도 너무 별난 짓이다. 나는 그런 걸 우러르거나 칭찬할 생각은 별로 없다. 부처라면 그걸 어떻게 평할지 몹시 궁금하기도 하다.

아무튼 죽음은 본인에게나 주변 사람들에게나 고통스러운 것이 틀림없다. 죽음 앞에서의 모든 눈물이 그걸 알려준다. 그러니 일단은 부처의 말이 맞다. 진리인 것이다. (나는 지금껏 수많은 죽음을 목격하면서 귀납적으로 그걸 확인했다.) 단, 이게 다일까? 죽는 게 괴로움이라는 걸 모르는 사람은 없다. 굳이 부처의 입을 빌릴 필요도 없다. 그런데 왜? 왜 그는 굳이 이걸 진리의 하나로 언급한 걸까? 이유는 단순명료하다. 이 괴로움에서 벗어나야 하기 때문이다. 벗어나라는 것이다.

이 주제에 대해서는 철학자로서 할 말이 정말 무궁무진한데, 어차피 다 할 수는 없는 노릇이니 빙산의 일각만을 건드려본다.[16] 죽음이라는 이 현상은 정말이지 알 수 없는 신비다. 우리 모든 인간은 영문도 모르고 태어나 사는데, 고생고생 살다가 또 영문도 모르고 죽게 된다. 죽도록 되어 있는 것이다. 하이데거의 말처럼 인간의 존재 자체가 '죽음으로의 존재'(Sein zum Tode)인 것이다. 현재 살고 있는 77억, 아니 지금껏 태어나 살았던 1,082억, 누구 한 사람 예외 없다. 부처나 그리스도 같은 성인들도 마찬가지였다. 이런 보편성을 재미있게 지적한 글이 있다.

> "이 아침, 세수를 하고 조반을 먹으며 출근 준비를 서두르는 팽팽한 긴장의 시간, 신문 한 모퉁이에선 간밤에 몇 사람을 데려갔구나. 가끔 익숙한 이름을 보며 끌끌 혀를 차기도 하지만 타인의 부음은 다만 정보일 뿐. 우리는 신문을 말아 쥐고 저마다 바삐 먼 무덤으로 향한다.
>
> 대체 무슨 사업을 벌이고 있는 걸까. 죽음은 완전 고용. 나이도, 학력도, 연줄도, 인물도, 시험도, 면접도, 적성도, 월급도 불문. 모두들 데려다가 꽃단장 시켜놓고 별 타령 부르는 신선놀음인지, 이승의 전과만큼 재봉틀 달달 박는 박음질인지, 그도 저도 아니면 오염된 은하수 변에 비닐 깡통 쓰레기 줍는 영세민 취로사업을 시키는지, 여하튼 죽음은 태고 이래 완전 고용. 사고를 통한 수시 고용. 노화를 통한 정기 공채. 전쟁을 통한 대거 특채.

---

16) 졸저 《인생의 구조》에 좀 더 자세한 언급이 있으니 참조 바람.

'죽어라 하고 싶은 일만 하다가 / 사랑하고 싶은 사람만 사랑하다가' 죽고 싶은 게 저이뿐일까. 현실은 하고 싶지 않은 일이 나를 먹여 살리며, 사랑하고 싶지 않은 사람이 내 생사여탈을 쥐고 있지는 않은가.

내용은 '알 수 없음'이지만 형식은 '엄연한' 죽음. 죽음은 죽기 전까지는 '저기 저곳'의 일이지만 그걸 인식하는 순간 '여기 이곳'에 영향을 미친다. 부음란을 보며 삶의 군더더기를 덜어낼 수 있다면."[17]

이 알 수 없음과 엄연함, 이게 죽음의 본질이다. 이걸 인식하는 순간 '여기 이곳'에 영향을 미치니 우리는 이것에 대해 어떤 태도를 취해야 하는 것이다. "삶도 아직 모르는데 어찌 죽음을 알겠는가."(未知生, 焉知死) 하고 공자처럼 이걸 밀쳐두는 것도 한 방법이겠지만, 그렇다고 죽음 자체가 밀쳐지는 것은 아니다. 부처는 이것이 누구에게나 있는 보편적인 일임을 인식하고 그 슬픔과 고통에서 벗어나라고 가르친다. 정면으로 응시하는 것이다. 유명한 이야기지만, 사랑하는 자식을 병으로 앞세운 어떤 어머니(끼사 고따미)가 너무나 슬퍼 고통스러워하다가 부처님을 찾아가 호소했더니 겨자씨를 구해 오면 아들을 되살릴 방도를 알려주겠다고 했고 어머니는 뛸 듯이 기뻐했고, 단 그 겨자씨는 한 번도 죽은 사람이

17) 반칠환 시인의 글.

없는 집의 것이어야 한다는 조건을 말했고, 어머니는 발이 부르트도록 그런 집을 찾아다녔지만 그런 집은 없었고, 그 과정에서 죽음이 누구나 겪어야 하는 것임을 깨달았고, 그래서 그 고통에서 벗어났다("저는 화살을 뿌리째 뽑아버리고, 짐을 내려놓았습니다. 저는 해야 할 일을 마쳤습니다.")… 어쩌고 하는 설화[18]가 그 방향을 일러주는 것이다. 쇼펜하우어가 말한 '공감'(Sympathie)도 그런 부류다.

무슨 도리 있겠는가. 죽음 자체를 피할 길은 없다. 남는 것은? 끼사 고따미처럼 마음을 다스리는 것뿐이다. 그래서 괴롭지 않게 되면 그게 곧 해탈인 것이다. 그런데 누가 가르쳐주지 않아도 사람들은 자연스럽게 그런 과정을 거치게 된다고 《인간의 죽음》을 쓴 저 퀴블러 로스(Elisabeth Kübler-Ross)는 알려준다. 결국은 '수용'밖에 방법이 없는 것이다. 어쩌면 저 장자도 로스가 알려준 그런 3단계의 심리적 과정(① 부인/부정→② 분노/원망→③ 타협/수용[우울/순응])을 거친 건지도 모르겠다.

18) 《잡비유경》 하권 23번째 에피소드 및 《잡아함경》 제45권 구담미경 참조.

19. 고성제 — 8고 — 원증회고

appiyehi sampayogo dukkho

싫어하는 대상[사랑하지 않는 것]들과 만나는 것도 괴로움이다.

보통의 평범한 사람들 중에 '원증회고'(怨憎會苦: 미운 이를 만나는 괴로움)라는 부처의 말을 아는 이가 얼마나 되는지 모르겠다. 생로병사에 더해지는 이른바 8고 중의 하나다. 나는 어설프게 불교를 공부하는 과정에서 부처의 말에 놀란 적이 한두 번이 아닌데, 이 경우도 그랬다. 인간의 삶에 대해, 세상에 대해 어쩌면 이렇게나 날카롭게 꿰뚫어 본 것일까… 경탄했다. 그는 말하자면 포시랍게[19] 자란 왕자님이 아니던

19) '호강스럽다'를 일컫는 경북 지방 사투리. 즉, 아쉬운 것 없이 편안한 삶을 누리는 모습을 말한다. 보급할 가치가 있는 표현이라 생각해 굳이 이 방언을 사용한다.

가. 그런데도 이런 삶의 진상을, 특히 인간관계를 어떻게 이토록 잘 알고 있었던 걸까….

'원증회고'라고 하면 뭔가 좀 어렵게 들린다. 좀 유식하게 들릴지도 모르겠다. 한어라서 그럴 것이다. 그런데 실은 하나도 어려울 게 없는 말이다. '싫은 것을 만나는 괴로움'이다. 겪어본 사람은 바로 알겠지만, 이건 정말 괴로운 일이다.

나도 이걸 너무나 잘 안다. 백 퍼센트 공감한다. 사람이라면 누구나 다 비슷하겠지만, 싫은 것을 만나지 않고 살 수는 없다. 이런 만남은 실은 아기 때부터 이미 시작된다. 때로는 아픈 게 싫고 때로는 배고픈 게 싫고 때로는 축축한 게 싫다. 졸린 것도 싫다. 그래서 아기는 말도 못하고 그냥 빽빽 울어댄다. 나자마자 고통의 시작인 것이다. 좀 커서 먹기 시작하면 누구는 시금치가 싫고 누구는 당근이 싫다. 또 누구는 멸치가 싫다. 나는 고춧가루가 싫다. 그런데도 한국에서 살아가려면 먹어야 한다. 괴로운 일이다. 이렇게 싫은 것은 하나둘이 아니다.[20] 거의 무한정이다. 누구는 병원의 주사를 엄청 싫어하고, 누구는 공부를 엄청 싫어한다. 누구는 수학을 특히 싫어하고, 누구는 암기를 특히 싫어한다. 이렇게 싫은 것은 삶의 과정에서 시험, 낙방, 실패 … 등을 거치며 기하급수적으로 늘어나 이윽고 사기, 도난, 강도, 강간, 심지어 테러, 전

20) 졸저 《진리 갤러리》 중 〈나는 싫은데요…〉 참조.

쟁, 침략 같은 것으로까지 이어지기도 한다. 실제로 당해보면 그 괴로움은 이루 말로 다할 수 없다. 고약한 이웃나라를 만나는 것도 그중 하나고 모기나 뱀을 만나는 것도 그중 하나다. 각자에게 그 리스트를 작성해보라고 하면 아마 도서관 하나를 가득 채우고도 모자랄 것이다. 1테라바이트 SSD에는 혹시 다 들어가려나 모르겠다.

그중에서도 특별히 싫고 괴로운 게 아마 사람일 것이다. 싫은 사람, 미운 사람 …. 이것도 일찌감치 시작된다. 친구들 중에도 싫은 녀석이 꼭 있다. 나도 있었다. 아니, 많았다. 어릴 때는 어딘가 숨어 있다가 느닷없이 튀어나와 아무 이유 없이 나를 할퀴고 도망치는 녀석이 있었다. 정말 미웠다. 중학교 때는 시골에서 왔다고 '촌놈'이라 놀리는 녀석도 있었다. 그놈도 참 싫었다. … 그런 것도 열거하자면 노트 한 권으로는 모자랄 것이다.

내가 싫어하는 건 그렇다 치고 나를 싫어하는 경우도 있을까? 나도 혹시 누군가에게 그런 원증의 대상이 될까? … 생각해본 적이 있었다. 나름 선량하고 원만하게 한평생 살아왔다고 자부하며, 설마… 했는데, 천만에! 나 역시 예외가 아니었다. 살아보니 나 같은 사람도 누군가는 엄청 싫어하는 미움의 대상이었다. 내가 선량해서 싫고 두루 원만해서 싫다는 사람도 있었다. 시기와 질투의 대상이 되기도 했다. 그런 그는 나를 만날 때마다 얼마나 싫고 괴로웠을까…, 그것도 괴로웠다. 그게 진실이었다. 심지어는 공자, 부처, 소크라테스, 예수 같은 분들도 누군가는 그들을 싫어했다. 미움/증오의 대상이 됐다. 우리가 너무나 잘 아는 이야기다. 공자는 환퇴와 공손여가가 싫어했고, 부처는 데바닷다가 싫어했고, 소크라테스는 멜레토스-아뉘토스-뤼콘이 싫어했고, 예수는 대제사장과 바리새인들이 싫어했다. 얼마나 싫고 미웠으면 실제로 죽이기까지 했을까. 그런 성인들까지도 누군가에게는 그 만남이 괴로움이었던 것이다. 하물며 보통 사람들이야 오죽하겠는가.

지금도 누군가에게는 누군가와의 만남이 거의 지옥일 것이다. 직장에서의 어떤 동료, 상사, 부하, 학교에서의 어떤 친구, 선배, 후배, 선생, 제자, 군대에서의 어떤 상관, 부하, 심지어 어떤 가정에서는 엄마와 아빠가, 아들과 딸이, 그런 싫은/미운 상대로서 괴로움을 주고 있을 것이다. 어떤 부모는 자식을 죽이기도 하고 어떤 자식은 부모를 죽이기도 한다. 사랑으로 맺어진 어떤 아내, 어떤 남편도 마찬가지다. 그 괴로움이 어디 보통 괴로움이겠는가. 이게 인간의 있는 그대로의 실상이다. 누가 이것을 쉽게 부인하겠는가. "싫어하는 것과 만나는 것도 괴로움이다…" 부처가 그렇게 말했다. 정말이다. 우리는 한평생 싫은 것들과 만나게 된다. 괴로운 일이다. '원증회고', 정말정말 진리가 아닐 수 없다.

20. 고성제 — 8고 — 애별리고

piyehi vippayogo dukkho

사랑하는 것[좋아하는 대상]들과 헤어지는 것도 괴로움이다.

한평생 철학이란 걸 업으로 삼으면서 참 오만 가지 생각들을 하게 되는데, 흔하고 당연해서 특별히 주목받지 못하는 진리들이 너무 많다는 것도 그중 하나다. 탈레스가 말한 물이나 아낙시메네스가 말한 공기나 헤라클레이토스가 말한 불이 자연의 근원이라는 것도 그렇고, 파르메니데스가 말한 '존재가 있다'는 것도 그렇다. 공자가 말한 '노자안지, 붕우신지, 소자회지'(老者安之, 朋友信之, 少者懷之)라는 것도 그렇다. '품는다, 믿는다, 편안케 한다'는 것이 너무 뻔한 이야기다 보니까 이게 얼마나 중요한 가치인지를 사람들은 잘 깨닫지 못하는 것이다. 부처가 말한 8고도 그렇다. 그중에 '애별리고'(愛別離苦: 사랑하지만 헤어지는 괴로움)라는 것이 있다. 이것도 그렇다. 이걸 좀 주목해보자.

'사랑한다/좋아한다, 헤어진다, 괴롭다', 너무 흔하고 당연하고 쉬운 단어들이다. 그래서 대개는 이게 사람들의 시선에 머물지를 못하고 미끄러져 비껴간다. 그나마 '애별리고'라고 한어로 말하면 어려워 보이니까, 뭔가 하고 호기심을 발동하기도 한다. 사람들의 나쁜 습관이다.

사랑이라는 걸 해본 사람들은 곧바로 알겠지만, 이건 인생의 일대 중대사다. 수많은 소설, 드라마, 영화들이 보여주듯이 누군가에겐 이게 죽고 사는 문제이기도 하다. 로미오와 줄리엣이 아마 맨 먼저 그 증언대에 서줄 것이다. 안동의 한 옛 무덤 관 속에서 발견된 400년 전 원이 엄마의 머리카락 미투리와 애틋한 편지도 그걸 알려준다. 죽음은 아니지만, 《홍루몽》의 가보옥은 사랑을 잃고 출가를 했다. 나도 인간으로 태어나 그 사랑이라는 걸 해보게 됐다. 그런데 인생이라는 게 참 묘하다. 하나하나 드라마 아닌 것이 없다. 그냥 순탄하기만 한 사랑은 참으로 드물다. 사정이니 상황이니 그런 게 있어서 사랑하는 이와 함께 있기가 참으로 쉽지 않다. 공부니 직장이니 그런저런 사정들로 나도 사랑하는 '그녀'와의 수많은 떨어짐을 운명으로부터 강요당했다. 바다 건너 머나먼 타국에서 부산을 바라보고 서울을 바라보는 그 그리움과 애틋함의 고통은 당해본 자만이 안다. 내 친구 S는 학창 시절 정말 소설 같은 사랑을 하고 결혼에 골인했는데, 해피엔

드도 한순간, 사랑하는 처자식을 미국에 남겨두고 홀로 귀국해 소위 기러기 생활을 하다가 어이없이 쓰러져 세상을 등졌다. 그런 이야기들도 아마 모아보면 수백 수천에 이를 것이다. 하이델베르크에 살 때, 사랑하는 이를 바다 건너로 떠나보내고 눈이 퉁퉁 붓도록 우는 사람을 본 적도 있다. 《황태자의 첫사랑》에서 칼 하인츠를 떠나보낸 캐티도 그랬다. '애별리고'라는 건 분명히 있다. 그건 진리다.

애별리고는 비단 남녀 사이에만 있는 것도 아니다. 부모자식 간에도 이게 있다. 이런저런 이유로, 사정으로, 부모가 자식을 떠나고 자식이 부모를 떠난다. 유학이나 입대도 그런 경우다. 그 고통이 또한 뼈를 엔다. 아기는 엄마가 잠시만 눈앞에 없어도 불안해하고 울음을 터트린다. 그것도 일종의 애별리고다. 유괴나 병으로 아이를 잃은 엄마는 거의 제정신을 잃는다. 《마더》라는 영화도 그걸 알려준다. 어쩌면 십자가에서 내려진 예수를 끌어안고 비통해하는 저 '피에타'의 성모 마리아도 그 한 사례가 될지 모르겠다. 내가 20대 후반 유학을 떠나던 날, 공항에서 배웅을 한 어머니가 집에 돌아가 벽에 걸린 내 옷을 보고 펑펑 우셨다는데, 그때의 어머니도 아마 이 애별리고를 느꼈을 것이다. 하나둘이 아니다.

약간 확대 해석을 하자면, 사랑하는/좋아하는 대상을 아직 만나지 못한 것도 일종의 애별리고가 아닐까 한다. 이른바 상사병이 대표적이다.

그리고 부처 당시의 팔리어를 잘 몰라 '삐에히'(piyehi: 사랑하는 것[좋아하는 대상]들)라는 것의 범위가 어디까지인지, 사람만을 지칭하는지 특정할 순 없지만, 이게 사물이나 사태에도 해당한다는 건 틀림없다. 이런저런 사정으로 고향이나 조국을 등지는 것도 그럴 것이다. "잘 있거라 한강수야, 다시 보자 삼각산아…" 하고 노래한 김상헌도 이 애별리고를 느꼈을 것이고, 일본의 조선 침략 이후 독립운동을 위해 만주행 열차에 몸을 실었던 저 선열들도 또한 그랬을 것이다.

아끼던 동물이나 물건을 잃어버린 경우도 아마 마찬가지일 것이다. 개들도 새들도 짝을 잃으면 밥을 먹지 못하는 경우가 있다고 한다. 심지어 《홍루몽》의 임대옥은 꽃이 진 후 꽃무덤을 만들고 시를 읊어주기도 했다. 꽃과의 헤어짐에서 느끼는 그런 아쉬움도 괴로움의 범주에 들지 않는다고 말하긴 어려울 것이다.

'애별리고'… 진리가 아닐 수 없다. 더욱이 '회자정리'(會者定離: 만난 자는 반드시 헤어지게 되어 있다)라고 하니 더더욱 진리가 아닐 수 없다. 사랑하는 것, 좋아하는 것들과 헤어지는 것은 괴로운 일이다.

21. 고성제 — 8고 — 구부득고

yampicchaṃ na labhati tampi dukkhaṃ
원하는 것을 얻지 못하는 것도 괴로움이다.

내 오래된 기억 중의 몇 장면을 소환해본다. 60여 년 전 1950년대 후반, 초등학교에 들어가기 전이다. 앞집 친구네로 놀러 갔다. 친구가 영어투성이인 장난감 상자를 열더니 의기양양한 표정으로 모형 기차를 꺼냈다. 방바닥에 레일을 조립해 깔고 그 위에 기차를 올려놓고 뭔가를 조작하니 그 기차가 혼자서 그 8자 레일을 돌고 또 돌았다. 세상 신기했다. 갖고 싶었다. 그러나 그 박스엔 $로 표시된 상상도 안 되는 가격이 적혀 있었다. 착한 어린이였던 나는 엄마한테 그걸 사 달라는 말도 못 꺼내고 마음을 접었다.

중학교 때다. 그때 나는 고향을 떠나 서울로 진학을 했는데, 친구들 대부분이 검은색 교복 윗주머니에 만년필을 꽂고

다녔다. 치열한 입시를 통과한 중학교 입학 선물이었다. 당시엔 화살표 모양의 파카 만년필이 대유행이었다. 부잣집 친구들은 더러 몽블랑 만년필도 갖고 다녔다. 부러웠다. 나도 그런 걸 갖고 싶었다. 그러나 역시 착한 소년이었던 나는 사달라는 말도 못 꺼내고 마음을 접었다.

고등학교, 대학교를 지나면서 그런 것들은 점점 더 많아지고 커져갔다. 어떤 것은 가졌고 어떤 것은 갖지 못했다. 나중에 생각해보니 그게 삶이 원리였다. 뭔가를 원하고 그걸 갖게 되고 혹은 갖지 못하고…. 꼭 물건만이 아니었다. 거기서 행복과 불행이 교차했다. 뭔가를 원한다는 것, 바란다는 것, 그게 삶의 핵심이었다. 철학교수가 된 후 나는 그걸 '욕구' 혹은 '욕망'이라고 정리했다. 혹은 '싶음'이라고도 불렀다. 뭔가를 갖고 싶고, 하고 싶고, 되고 싶고…. 거기에 대부분의 삶이 걸려 있었다. 수십 년간 세계 여러 나라를 다니며 살아보기도 했는데, 국가 불문 인종 불문, 언제나 어디서나 그 기본 구조는 동일했다. 아니, 역사를 공부해보니 그건 인류 보편의 진실이었다. 지금도 그건 추호도 달라진 게 없다. 사람들은 욕망과 소유의 노예로서 평생을 살아간다. 이른바 자본, 즉 돈이라는 것도 다 그 소유를 위한 수단인 것이다. 집을 갖고 싶고, 차를 갖고 싶고, 보석을 갖고 싶고, 명품을 갖고 싶고…. 맛있는 걸 먹고 싶고, 해외여행을 하고 싶고, 골프를 치고 싶고…. 공무원이 되고 싶고, 사장이 되고 싶고, 장관이 되고 싶고…. 이 '싶고, 싶고…' 속에 삶의 정체가 숨어 있다.

그런데 그 원하는(求) 것들 중에 도대체 몇 퍼센트가 얻어질까(得)? 내 경험상 그 원함들 중의 대부분은 매몰찬 거절(不得)로 귀결된다. 이루어지는 것보다 이루어지지 않는 것이 훨씬 더 많은 것이다. '구부득'이다. 거기서 우리는 '상처'를 받게 된다. 바로 이거다. 이런 것을 저 부처는 '괴로움'이라고 정형화한 것이다. 이른바 '구부득고'(求不得苦)다. 구하나 득하지 못하는 고통이다.

모든 이들이 이른바 부귀공명을 추구하지만, 즉 부자가 되길 원하고, 높은 사람이 되길 원하고, 공을 세우길 원하고, 유명한 사람이 되길 원하지만, 그걸 원하는 대로 얻는 사람은 해운대 백사장의 한 줌 모래만큼도 되지 않는다. 얻는다 해도 천신만고 끝에 겨우겨우다. 결국은 상처투성이다. 만신창이다. 나는 그런 세계도 웬만큼은 안다. 아니, 국민들 대부분이 다 안다. 재벌들의 종국이 어떠하며 권력자의 종국이 어떠한지를. 모든 유공자와 유명인들도 다 마찬가지다. 원함, 얻고자 함은 필연적으로 고통을 동반한다. 그것을 나는 철학자로서 "마음밭에 욕망이 싹을 틔우면 그 즉시로 고뇌의 그림자도 함께 자란다"고 정식화한 적이 있다. 그 원하는 내용이 어떤 것이든 예외는 없다. 부든, 귀든, 공이든, 명이든, 혹은 사람이든, 사랑이든, 쉽게 혹은 거저 얻어지는 것은 아무것도 없다. 참으로 야박하고 가혹한 것이 우리네 삶의 현실이라는 것이다. 그러니 애당초 헛된 것을 원하지 말라는 것이다. 바라지 말라는 것이다. 마음을 비우고 욕망을 내려놓으라는 말이다. 그래서 괴로움에서 벗어나라는 것이다. 괴로움을 벗어난다면 그게 곧 해탈이다. 극락이다.

그러니 한 번쯤 자기를 되돌아보자. 나는 지금 무엇을 원하고 있는가…. 그게 얻어질 수 있는 것인가…. 나는 그 괴로움을 각오하고 있는가…. 각오해두라. '구부득고'가 있다. "원하는 것을 얻지 못하는 것도 괴로움이다." 진리다. 부처의 말이다.

22. 고성제 — 8고 — 오온성고

saṃkhittena pañcupādānakkhandhā dukkhā

요컨대 다섯 가지 취착의 무더기(五蘊)가 괴로움이다.

학자로 살아가는 사람은 아마 누구나 그렇겠지만, 내게도 '공부의 추억'이라고 할 장면들이 제법 있다. 대학 시절의 어설픈 불교 공부도 그중 하난데, 그 가운데 특히 '오온성고'(五蘊盛苦)라는 것의 의미가 잘 잡히지 않아 답답했던 감각이 아직도 그 추억의 한 페이지에 생생하게 남아 있다. 속 시원히 설명해주는 책도 없었고 선생님도 없었다. 경전을 모조리 뒤져봤어야 했는데 현대 독일 철학을 전공한 터라 그러지 못한 게 지금도 좀 후회된다. 그럼 지금은? 아직도 시원하지는 않다. 그러나 학생 때보다는 좀 낫다. 인생이라는 걸 좀 살아봤기 때문이다. 그리고 저 가다머의 해석학으로부터 '지평융합'이라는 걸 배웠기 때문이다. 그래서 짐작을 해본다.

이것을 말한 부처의 심정을. 그의 문제 지평을. 즉 그의 시야를.

어렴풋이 잡히는 것이 있다. 결국은 '나'(我)라는 것이다. 부처는 '나'라고 하는 '다섯 가지 취착의 무더기'를 말하며 그게 괴로움이라고 했다. 한어로 번역돼 '오온' 혹은 '오취온'이라고 알려진 이것의 내용은 '색수상행식'(色受想行識, rūpa-vedanā-samjñā-samskāra-vijñāna)이라고 알려져 있다. 이 다섯 글자는 듣고서 곧바로 이해되지 않는다. (한어 번역의 한계다.) 설명이 필요하다. 소위 전문가들의 설명을 들어보면 이렇다.

"'색'(rūpa)은 물질적인 형태로서 육체를 의미한다. '수'(vedanā)는 감수(感受) 작용인데, 의식 속에 어떤 인상을 받아들이는 것, 감각과 쾌/불쾌 등의 단순 감정을 포함한 작용을 말한다. '상'(samjñā)은 표상 작용으로 의식 속에 상(象)을 구성하고 마음속에 어떤 것을 떠올려 관념을 형성하는 것, 대략 지각/표상 등을 포함하는 작용이다. '행'(samskāra)은 형성 작용으로, 능동성, 잠재성 형성력을 의미하고, 우리가 경험하는 어떠한 것을 현재에 존재하는 것처럼 형성하는 작용을 말하며, '수', '상', '식' 이외의 모든 마음의 작용을 총칭한 것으로서 특히 의지 작용을 말한다. '식'(vijñāna)은 식별 작용을 말하는 것으로서, 대상을 구별하고 인식, 판단하는 작용, 혹은 마음의 작용 전반을 총괄하는 주체적인 마음의 활동을 말한다."[21]

요컨대, 색은 우리 인간의 육체적-물질적 요소, 수-상-행-식은 우리 인간의 정신적 요소를 지칭한다. 이것을 축약해 '명색'(名色, nama-rupa)이라 부르기도 한다. 부처를 위시한 인도인들은 사유의 고수라 이 논의가 쉬운 것은 아니지만, 그 치밀함은 인정해야 한다. 이런 요소 내지 부분들은 분명히 있기 때문이다. 이것들이 다 모여 이른바 '나/자기'라는 걸 구성한다. 소위 '집'이라는 것이 기둥-벽-천장-서까래-지붕 등으로 구성되는 것과 같은 이치다. 요즘 식으로 말하자면 (즉, 익숙한 서양철학의 개념으로 말하자면) 현상-감각-표상-의지-의식과 좀 엇비슷할지도 모르겠다. 완전히 일치하지는 않는다. 그만큼 우리 인간의 정신이라는 것이 복잡 미묘하기 때문이다. 이른바 지-정-의라는 것도 다 이 범주 어딘가에 속할 것이다. 위의 사전적 설명에도 언급되어 있지만, 우리에게 익숙한 관념-지각-경험-분별-인식-판단-사고라는 것도 다 이 중 어딘가에 해당한다. 마음이니 기분이니 감정이니 욕심이니 하는 것도 그럴 것이다. 이 모든 것이 다 '나'라는 것의 일부요 구성체인 것이다.

---

21) 《철학대사전》

《초전법륜경》의 원문에는 없지만 이것을 '오온성고'라고 번역한 것은 묘수다. 오온이 '왕성'하다(盛)는 의미를 살짝 끼워 넣은 셈이다. 해석이 개입된 번역이다. 이러면 이 말의 의의가 좀 더 분명해진다. (이게 누구의 번역인지는 찾아봤지만 확인하지 못했다.) 이 다섯 가지가, 이게 왕성하다는 게 과연 괴로운 걸까? 왜?

아닌 게 아니라 그렇다. 왜냐하면 이것들은 다 나의 일부요 나의 구성요소들이건만, 내가 이것들에게 시달리기 때문이다. 나 자신도 나의 이 구성요소들을 어쩔 수 없다. 나의 통제를 벗어나 있다. 완벽히! 하나씩 짚어보자.

이른바 색(色), 이른바 육체적 요소들, 구체적으로는 안이비설신 같은 감관들, 이것들은 그 대상인 색성향미촉에 의해 끊임없이 흔들린다. 빛깔/모양의 유혹, 소리의 유혹, 향기의 유혹, 맛의 유혹, 감촉의 유혹 … 그 유혹이 그 얼마던가. 색성고(色盛苦)가 분명히 있다.

이른바 수(受), 이른바 감각들, 색성향미촉이 불러일으키는 온갖 느낌들, 좋음과 싫음들 … 느끼함, 꺼림칙함, 끔찍함, 징그러움, 역겨움, 별의별 것들이 끝도 없이 생겨난다. 수성고(受盛苦)가 분명히 있다.

이른바 상(想), 이른바 표상들, 생각들, 오만 가지 사정, 상황 등에서 오만 가지 생각들이 마음과 머리를 가득 채우며 번뇌를 일으킨다. 하이데거가 그토록 강조한 불안도 걱정도 그중 하나다. 상성고(想盛苦)가 분명히 있다.

이른바 행(行), 이른바 의지, 누가 시키지도 않았는데 나라는 녀석은 끊임없이 무언가를 하려고 한다. 하고 싶어 한다. 무언가를 가지려 하고, 하려 하고, 되려 한다. 온갖 싶음, 온갖 욕구/욕망도 그리고 에로스도 타나토스도 다 이에 해당한다. 그게 평생 나를 따라다니며 엉덩이에 불을 지핀다. 한도 끝도 없다. 그 욕망이라는 건 한계를 모른다. 우리 대부분은 그 욕망의 노예로 살아간다. 행성고(行盛苦)도 분명히 있다.

이른바 식(識), 이른바 의식, 그게 온갖 판단을 내린다. 시비선악도 재단한다. 그게 온갖 문제를 일으키기도 한다. 오죽하면 저 그리스의 회의학파(퓌론, 티몬 등)는 '판단중지'(epoche)를 외쳤겠는가. 어디 그뿐인가. 여기엔 사실 무의식이라는 것도 포함된다. 나도 모르는 내가 정신의 밑바닥에서 나를 조종하고 있다. 그건 저 프로이트가 알려준 바이다. 그것은 때로 나에게 히스테리도 일으키고 때로는 착란도 일으키고 심지어 자살을 부추기기도 한다. 그 고통이 또한 그 얼마던가. 식성고(識盛苦)도 분명히 있다.

이 어느 것 하나, 진실 아닌 것이 없다. 이게 오온성고다. 나라는 것의 존재 자체가 온통 괴로움인 것이다. 이렇게!

부처는 이걸 어떻게 알았을까? 천재도 보통 천재가 아니다. 그래서 그는 부처인 것이다. '나'라고 하는 것의 이 정체를 알아야 한다. 이런 나에게서 해방되라고 그는 '제법무아'

라는 걸 이른바 3법인의 하나로 제시해준 것이다. '나'라는 것은 없다고. 그건 실체가 아니라고, 그저 오취온일 뿐이라고. 본래 그리고 결국 다 헛된 거라고.

23. 집성제 — 갈애 — 감각적 쾌락

Idaṃ kho pana, bhikkhave, dukkhasamudayaṃ ariyasaccaṃ.

yāyaṃ taṇhā ponobbhavikā nandirāgasahagatā tatratatrābhinandinī, seyyathidaṃ kāmataṇhā, bhavataṇhā, vibhavataṇhā.

비구들이여, 이것이 괴로움의 일어남[발생]의 성스러운 진리[苦集聖諦]이다.

그것은 바로 갈애[=욕망]이니,
다시 태어남을 가져오고[미래의 존재를 일으키는]
즐김과 탐욕이 함께하며[쾌락과 탐욕을 갖추고]
여기저기서 즐기는 것이다.
즉
감각적 쾌락에 대한 갈애,
존재에 대한 갈애,

존재하지 않음[비존재]에 대한 갈애가 그것이다.

불교를 조금이라도 공부한 사람은 이른바 4성제[네 가지 성스러운 진리]라는 걸 알고 있고 그게 '고집멸도'(苦集滅道: 고통-발생-소멸-방도)라는 것도 알고 있다. 이 네 가지 중 가장 기본은 누가 뭐래도 '고'다. 괴로움/고통이라는 것이다. 일체가 다 '고'이니 이 '고'를 넘어서자는 게 불교인 것이다. 그러니 이것을 배제하고는 불교라는 게 애당초 성립 불가능이다. 고집멸도라는 것도 결국은 '고'라는 발생의 결과[고]-발생의 원인[집]-소멸의 결과[멸]-소멸의 방법/과정[도]에 다름 아니다.

나는 학창 시절 불교를 배우면서 이게 참 논리 정연한 구조를 갖는다고 감탄했다. A라서 B이니 －A 해서 －B 되자, 그런 구조인 것이다. 부처의 이런 통찰과 사유에 대해서는 지금도 여전히, 아니 지금은 더욱 경외감을 갖는다. 살면서 그 진실성이 경험적-귀납적으로 검증되었기 때문이다.

그런데 학창 시절, 나는 이 가운데 두 번째인 '집'(集)이라는 것에 대해 약간의 혼란을 느꼈다. 나와 비슷한 사람이 없지 않을 것 같아 있는 그대로 공유한다.

내가 느낀 혼란은 '집'이라는 글자 때문이었다. 관련된 많은, 아니 대부분의 책들이 이걸 곧바로 '집착'이라고 설명했다. 그런 줄 알았다. 내용적으로 틀린 말도 아니다. 그런데 후에 원문을 보니 이게 집착(執着)의 집(執)이 아니라 모을 집(集)으로 되어 있었다. 응? 집(執)과 집(集)은 글자도 다르고 의미도 다른데… 어느 게 진짜지? 그래서 헷갈린 것이다. 그래서 좀 들여다봤다. 그랬더니 집(集)은 '모으다', '모은 것'이란 글자지만, 그 내용은 이룸/일어남/발생이란 뜻이고 집(執)은 그 발생의 원인인 집착이란 뜻이었다. 굳이 말하자면 한쪽은 결과고 한쪽은 원인인 셈이다. 그 내용이 다른데 한어로 발음이 같으니 헷갈리는 것이다. 이 구별을 명확히 해줄 필요가 있다. 집(執)으로 인한 집(集), 그런 구별이다. 나는 서양철학 전문가로서 언어의 의미 전달은 정확해야 한다고 믿는 편이다.

그래서 우리는 부처 본인의 말을 세심하게 들어야 한다. 원문을 보니 그게 명확했다. 부처는 고의 근원(dukkhasamudayaṃ)을 말했고 그게 '갈애'(taṇhā)라고 설명한 것이다. 듣고서 바로 이해할 수 있는 말이다. '사무다양'(samudayaṃ, 集)은 근원/기원/기인/이룸/발생/일어남이란 뜻이다. '왜 괴로움이 생기는가?' '갈애[집착] 때문이다.' 이게 이른바 '(고)집성제'인 것이다. 원인인 집과 결과인 집, 이 둘이 발음이 같은 탓에 하나처럼 되어 우리를 헷갈리게 만든 것이다. 여기서 우리가 결국 주목해야 할 것은 '집착'의 집, 즉 '갈애'다.

그러니 이 '갈애'라는 걸 생각해보자. 말하자면 이게 원흉이다. 부처의 창끝은 바로 이것을 겨누고 있다. 이게 모든 괴로움을 일으키는 원인인 것이다. 갈애(渴愛)란 무엇인가? 뭔가를 갈망하는 것, 애타게 좋아하는/사랑하는 것이다. '갈'(渴)이란 목마름이다. 우리는 목마를 때 얼마나 간절하게 물을 찾는가. 그런 간절함으로 무언가를 좋아하는 것이 갈애다. 나는 이런 간절함을 너무나 잘 안다. 20여 년 전 어느 여름날 아무런 준비 없이 가벼운 마음과 옷차림으로 산길을 걷다가 내친김에 정상으로 방향을 틀었는데 난코스를 만나 밧줄도 잡고 바위도 타고 땀범벅이 되어 겨우겨우 정상에 도착했다. 그런데 물이 없었다. 정말이지 목이 말라 죽는 줄 알았다. 갈증이니 목마름이니 단어로만 알았지 실제로 경험한 것은 처음이었다. 그때 물이 얼마나 간절했던지…. 30여 분 거의 빈사 상태로 앉아 있다가 마침 지나가는 등산객이 한 명 있어서 물을 얻어 마셨는데, 세상에 그렇게 반갑고 좋을 수가 없었다. 그래서 나는 안다. 이 '갈애'라는 게 어떤 것인지. 더욱이 갈애에는 목마름뿐만 아니라 '사랑'이라는 게 함께 있다. 이것도 나는 너무나 잘 안다. 그 사랑이라는 걸 해봤기 때문이다. 세상에 그보다 더 소중한 것이 없다. 너무나 간절히 원하게 된다. 사랑하는 '그/그녀'를. 바로 그런 마음으로 뭔가를 좋아하고 원하는 것, 그게 갈애인 것이다. 그런데 무엇을? 중요한 건 그 내용이다.

그것도 부처는 설명해준다. 참 친절도 하다. ① 감각적 쾌락, ② 존재, ③ 비존재, 이 세 가지다. 이걸 하나씩 좀 자세히 들여다보자.

우선 첫째, 감각적 쾌락의 욕망(kāmataṇhā). 사람들은 이걸 끔찍이도 좋아한다. 마치 목마른 자가 물을 찾듯이. 배고픈 자가 밥을 찾듯이. 안이비설신이 추구하는 모든 감각적 쾌락들, 모든 색성향미촉이 다 대상이 된다. 간단히 정리해서 말해 색성향미촉이지, 이걸 구체적으로 나열하자면 한도 끝도 없다. 온갖 호색이며 난봉이며 야동이며 식탐이며 도촬이며 온갖 음주가무가 여기 다 들어간다. 아마 요즘의 마약 같은 것도 다 해당될 것이다. 이런 것이 때로 패가망신이나 범죄로 이어지기도 한다는 사실을 고려해보면 이게 고의 원인이라는 건 충분히 납득이 되고도 남는다. 이건 참으로 통제가 쉽지 않다. 부처의 지적대로 여기엔 '쾌락(nandi)과 탐욕(rāga)'이 함께하기 때문이다. 여기저기서 '그때그때의 재미/만족감/즐거움(ābhinandinī)'을 추구하기 때문이다. 이것이 갖는 실제 위력은 너무나 막강하다. 현실에 비추어보면 곧바로 확인된다. 그래서 부처의 이 말이 진리인 것이다. ('다시 태어남', '미래의 존재' 운운은 이른바 윤회전생과 연관된 인도적 발상으로, 확인 불가능한 종교적 담론이므로 이에 대한 언급은 자제한다. 나는 윤회전생에 대해 전혀 아는 바가 없다. 정말정말 기발한 착상이라는 것은 인정한다.)

24. 집성제 — 갈애 — 존재

그리고 둘째, 존재(bhava)라는 것, 이것에 대한 갈애(bhavataṇhā), 이건 굳이 설명도 필요 없다. 누구나가 다 존재를 갈망하기 때문이다. 물론 '존재'라는 건 간단한 주제가 아니다. 사전적으로는 '있음, 현세적 실존, 됨, 탄생, 그러함, 생산, 기원, 그리고 습관적 혹은 감정적 경향들'이라고 설명된다[위키피디아]. 이런 사전적 설명이 틀리지 않았다면, 이건 내가 전공한 존재론의 핵심 주제다. 하이데거는 이 단어 하나를 주제로 100권이 넘는 책을 썼다. 간단할 수가 없는 것이다. 단 이게 삶 내지 생명과 무관하지 않다는 것은 부인할 수 없다. '세계의 존재'와 달리 '인간의 존재'는 '출생에서 죽음까지'라고 하는 시간역(時間域) 내에서만 가능하기 때문이다. 존재란 곧 삶이다. 그래서 인간의 경우는 '존재에 대한 갈애'가 곧 '삶에 대한 집착'에 다름 아니다. 이렇게 의미를 한정하면 그 의미는 쉽게 다가온다. 삶에 대한 집착은 인간이라면 누구나 자기 자신에게서 확인 가능하기 때문이다. 누구나 살기를 바란다. 모든 인간적인 욕망을 하나씩 잘라 나가더라도 마지막까지 자를 수 없는 게 삶에 대한 애착이다. 생명에 대한 집착이다. 기본의 기본, 최후의 최후가 바로 이것이다. 가장 근원적이고 궁극적인 것이 삶이고 생명이다. 생명의 위협 앞에서, 죽음 앞에서, 우리 인간이 얼마나 간절하게 그것에 매달리는지 얼마나 애타게 그것을, 즉 생명을/삶을/존재를 애걸복걸하는지 생각해보라. 우리는 너무나 잘 안다. "제발 목숨만 살려주세요!" "살려만 주신다면 뭐든지 할게요!" 그게 갈애다. 쇼펜하우어는 그것을 "삶에 대한 맹목적 의지"(blinder Wille zum Leben)라는 말로 표현했고, 니체는 그것을 "아, 이것이 삶이었던가, 그렇다면 다시 한 번!"이라는 문장으로 표현했다. 이른바 '운명애'(amor fati)의 내용이기도 하다.

그런데 부처가 이 말을 굳이 입에 담는 이유는 뭘까? 이 존재에 대한 갈애가 '고'와 연결되기 때문이다. 고의 근원이 되기 때문이다. 고를 야기하기 때문이다. 참 얄미울 정도로 진실된 말이다. 그 누구도 이 말의 진실성을 부인할 수 없다. 우리 인간들은 영문도 모르고 태어나 한평생 오만 가지 일들로 고생고생하며 살아가는데, 그 모든 고생이 다 '살자고 하는 짓'인 것이다. 그러니 존재에 대한 갈애가 고의 원인이라는 부처의 말은 진리가 아닐 수 없는 것이다.

그런데 나는 이 말을 좀 더 깊이 들여다본다. 존재에 대한 갈애는 '생명에 대한 집착'뿐만이 아니다. 그걸로 다가 아니다. 사전적 설명이 엉터리가 아니라면, 존재(bhava)라는 말에는 자기의 존재와 타인의 존재가 다 포함된다. 타인의 존재, 예컨대 부모와 형제자매와 자식의 존재에 대해서도 우리는 자기 자신 못지않은 강도로 집착한다. (엄마의 부재에 대한 아기의 울음도 그 한 사례요 증거다.) 그들을 살리기 위해 자기 자신의 목숨을 내놓기도 한다. 의사나 소방관의 경우는 타인의 존재(생명)에 대해서도 강하게 집착한다. 이런 사례를 열거하자면 결코 적지 않다.

그리고 존재에는 '됨'이라는 의미도 포함된다. 이런 것들이 우리네 인간의 삶에서 차지하는 비중이 그 얼마던가! 사람들 가운데서 자기의 존재를 확보하기 위해(무언가가 되기 위해) 그리고 자기의 존재를 과시하기 위해(인정받기 위해) 인간들은 얼마나 애를 쓰는가! 그런 맥락에서 겪게 되는 고가 또한 그 얼마던가! 무언가가 되기 위한 노력, 애씀, 다툼, 그게 인생의 거의 대부분이라고 해도 과언이 아니다. 일등이 되려고, 반장이 되려고, 우상이 되려고, 일류대 학생이 되려고, 공무원이 되려고, 회사원이 되려고, 대리가 되고 과장이 되고 부장이 되고 … 사장이 되려고, 의사가 되려고, 판검사가 되려고, 변호사가 되려고, 선수가 되려고, 의원이 되려고, 장군이 되려고, 학장, 원장, 총장이 되려고, 사무관, 서기관,

이사관, 관리관, 차관, 장관, 총리가 되려고, 대통령이 되려고 …. 그렇게 무언가가 되려고 인간들은 갈애한다. 온갖 고생을 감수하며 거기에 매달리는 것이다. 이러한 '되려 함'이 또한 존재에 대한 갈애인 것이다.

내가 그렇게 되려는 것뿐만이 아니다. 다른 누군가를, 특히 내가 지지하는 사람을, 우리 편을, 우리나라를, 특히 사랑하는 사람을, 남편/아내를, 특히 자식을 무언가로 만들려고, 무언가가 되게 하려고 온 인생을 걸기도 한다. 온갖 고생을 다 감수하고서. 그게 우리네 인간의 삶이라는 것의 여실한 모습, 부인할 수 없는 실상인 것이다. 그 모든 걸 저 부처는 한눈에 꿰뚫어 본 것이다. 그리고 그걸 저 한마디 말에 담아낸 것이다. 그게 바로 '존재에 대한 갈애'다. 바로 거기서 삶의 저 모든 괴로움과 번뇌가 발생한다. 108번뇌라 했던가…. 이 또한 참으로 진리가 아닐 수 없다.

25. 집성제 — 갈애 — 비존재

그리고 셋째, 비존재(vibhava)라는 것, 이것에 대한 갈애, 이건 좀 특이하다. 이건 설명이 필요하다. '비존재'(존재하지 않기)를 간절히 바란다? 이것은 일반적인 경우는 아니기 때문이다.

이건 정확하게 어떤 뜻일까? 어떤 걸 가리키는 걸까? 궁금해서 이것저것 찾아보았지만 부처 본인의 속 시원한 설명은 듣지 못했다. 이해가 필요하다. 그래서 나는 내 식으로 해석을 감행해본다. 가다머가 말한 해석학적 지평융합이다. 나의 시야에서 그의 시야를 짐작해보는 것이다.

문자 그대로 해석해서 가장 가깝기로는 '죽기를 바라는 것'이다. 응? 이런 경우가 있나? 있다. 자살이다. 이건 현실이다. 2018년 한국의 자살자 수는 1만 3,670명으로 OECD 국가 중 1위라고 한다. 이런 통계 자료를 보면 이게, 즉 '죽기를 바라는 것'이 현실임을 인정할 수밖에 없다. 눈앞에 이들을 한꺼번에 세워놓는다고 가정해보면 실로 경악할 숫자가 아닐 수 없다. 심지어 거기에는 대통령도 특별시장도 대기업 회장도 인기 절정의 연예인도 포함된다. 그 실행 앞에서 그들은 얼마나 고통스러웠을까. 극단의 고통이 짐작되고도 남는다. 우리는 그 이면도 생각해보아야 한다. 그런 극단적 선택을 하기까지 그들의 '존재'는 과연 어떠했을까. 죽느니만 못한 삶의 현실이 거기 있는 것이다. 얼마나 그 존재가 고통스러웠으면 비존재 즉 죽어 없어지기를 바랐겠는가. 존재의 고통과 비존재의 고통, 하나로 짝을 이루고 있는 그것들을 아울러 생각해보면 비존재에 대한 갈애가 고의 원인이라는 건 인정하지 않을 도리가 없다. 부처는 어떻게 이런 것까지 알았을까? 그 젊은 30대의 나이에. 그 고귀한 왕자의 신분으로.

죽음의 갈망은 자살만이 아니다. 타살 즉 살인도 포함된다. 언어적으로는 그것도 비존재에 대한 갈애임에 틀림없다. 얼마나 많은 사람이 누군가가 죽어 없어지기를 애타게 바라는가. 이것도 엄연한 현실이다. 얼마나 많은 사람들이 네로 황제가, 히틀러가, 스탈린이 없어지기를 갈망했던가. 끔찍한 살인범이나 폭행범이나 사기꾼이나 스토커 등도 그런 대상이 될 수 있다. 악인만이 아니다. 심지어 소크라테스와 예수도 그런 대상이 되었다. 아니, 고대 그리스의 문헌에 보면 "신이 만일 인간의 모든 소망을 무조건 들어준다면 그 순간 인류는

멸망할 것이다"라는 말도 있다. 모든 인간이 단 한 명도 예외 없이 누군가에게 없어지기를 바라는 대상이 된다는 말이다. 그러기를 바라는 그 누군가의 심중은 또 어떠할까. 즐거운 심정으로 누군가의 죽음을 갈망하는 사람은 없을 것이다. 반드시 고통이 있을 것이다.

그게 꼭 죽음이 아니더라도 사정은 엇비슷하다. "제발 내 눈앞에서 사라져다오!", "꺼져!" 그렇게 갈망하는 경우를 생각해보라. 미운 자에 대해서 그런 생각을 할 것이다. 좋아하고 사랑하는 사람에 대해서는 오히려 그 존재를 갈망한다. 사라져주기를, 즉 누군가의 비존재를 갈망하는 그 누군가의 심중에도 필시 고통이 가득할 것이다. 누군가를 싫어하고 미워하는 것도 엄청 힘든 일이다. 나도 그런 건 겪어봐서 안다. 없기를 바라는, 없어져주기를 바라는, 사라져주기를 바라는, 애타게 바라는 그 대상은 의외로 많다. (너무 많다!) 손가락을 꼽아보면 하나둘이 아니다. 사람만도 아니다. 시험도 그럴 것이고, 뱀도 그럴 것이고, 사고도 그럴 것이고, 화재도 그럴 것이고, 불운도 그럴 것이고, 전쟁도 그럴 것이고, 병도 그럴 것이고 … 없기를 바라는 건 한도 끝도 없다. '○○ 없는 세상'을 바라는 건 만인의 염원이다. 때로는 잔소리하는 부모도 속 썩이는 자식도 얄미운 친구도 그저 눈앞에서 사라져주기를 누군가는 갈망한다. 거기에도 역시 고통은 바람처럼 불고 있고 물결처럼 일렁인다.

'아니기'를 바라는 것도 생각하기에 따라서는 또한 비존재에 대한 갈망이다. 거절이 아니기를, 낙방이 아니기를, 좌천이 아니기를, 낙선이 아니기를, 손해가 아니기를, 해고가 아니기를, 유죄가 아니기를, 암이 아니기를 … 누군가는 또한 간절하게 소망한다. 거기서도 고통은 뱀처럼 혀를 날름거린다. 참 싫은 일이다. 힘든 일이다. 고통스런 일이다.

이 모든 게 다 삶의 현실이다. 어떻게 알았을까? 부처는. 이 모든 것을. '죽기를 간절히 바라는 것', 내가 혹은 누군가가. '없기를 간절히 바라는 것', '아니기를 간절히 바라는 것', 이 갈애들을. 그리고 이 모든 것이 다 고통의 원인이라는 것을. 부처의 진리는 이렇게 아주아주 너무너무 구체적이다.

26. 멸성제

Idaṃ kho pana, bhikkhave, dukkhanirodhaṃ ariyasaccaṃ. yo tassāyeva taṇhāya asesavirāganirodho cāgo paṭinissaggo mutti anālayo.

비구들이여, 이것이 괴로움의 소멸의 성스러운 진리[苦滅聖諦]이다.

그것은 바로 그러한 갈애가 남김없이 빛바래어 소멸함, 버림, 놓아버림, 벗어남, 집착 없음이다.

나는 여러 기회에 불교의 가장 중요한 핵심이 '도'(度)라는 한 글자에 압축되어 있다고 피력해왔다. 저 유명한 《반야심경》의 구절, '조견 오온개공 도 일체고액'의 그 '도'다. 건너가는 것이다. 넘어서는/극복하는/이겨내는/해소하는 것이다. 관자재보살[=관세음보살(Avalokiteśvara)]이 해냈다는 그것이다. 유명한 주문 '아제아제 바라아제…'(가자 가자 건너가자…)의 그 아제(gatte)도 결국은 같은 뜻이다. 이 말에는 하나의 명백한 방향성이 있다. '이쪽에서 저쪽으로'라는 방향성이다. 그 이쪽이 이른바 사바세계고 그 저쪽이 이른바 해탈/열반의 경지다. 이것을 차안이니 피안이니 하는 말로 표현하기도 한다. 이른바 극락왕생이라는 것도 같은 맥락이다.

나는 그 '저쪽'이 어떤 세계인지, 어떤 경지인지 잘 모른다. 참으로 궁금하다. 말로는 대충 감이 잡히지만, 내가 직접 가보지 못한 세계라 언급하는 것 자체가 조심스럽다. 가보지 못한 런던에 대해 런던 사람보다 더 잘 알고 있었다는 칸트의 그 '지식'을 비웃은 적이 있는 터라, 더욱 그렇다. 그런 한계를 솔직히 인정하고서 그 '저쪽'을 논해보기로 한다.

부처의 말을 들어보면 이건 의외로 단순명쾌하다. 간단명료하다. '고'(苦)가 소멸된 상태다. 그리고 그 원인인 '갈애'가 소멸된 상태다. 원인이 없어져서 결과가 없어진 그런 경지다. 결과적 경지다. 궁극적 경지다. 가파른 경사를 오르고 또 올라서 마침내 도달하는 영주 부석사의 무량수전 같은 그런 마지막 경지다. 깨달음/해탈/득도 이후에 도달하는 세계다. 사바세계가 아닌 청정고요의 세계다. 바로 이것 즉 '괴로움의 소멸'을 그는 성스러운 진리의 하나로 제시했다. 그게 바로 '멸'(nirodhaṃ)이다. '(고)멸성제'다. 이른바 3법인의 하나인 '열반적정'이 바로 이것이다.

'멸'이란 '해충박멸', '멸종' 등의 말에서 알 수 있듯이 없애는 것이다. 무엇을? 고다. 없어지는 것이다. 무엇이? 고다. 고를 없애고 고가 없어지는 것이다. 그게 멸이다. 그런데 이미 우리가 알게 되었듯이 그 고는 '갈애'에서 생긴 것이었다. 그러니 이 멸은 또한 고의 원인인 그 갈애를 없애는 것이다. 그 갈애가 없어지는 것이다. 없어진 것이다. 이 없앰, 없어짐을 그는 사라짐/소멸함, 버림[포기], 놓아버림, 벗어남, 집착없음(asesavirāganirodho, cāgo, paṭinissaggo, mutti, anālayo) 등으로 표현했다. 이해하지 못할 어려운 말은 하나도 없다. 이른바 '방하'(放下)라는 것도 같은 말이다. 법정스님을 통해 유명해진 '무소유'라는 말도 결국은 같은 맥락이다. 일반적으로 불교의 이미지를 형성하는 저 유명한 말들, 버리기, 떠나기, 비우기, 내려놓기, 벗어나기 … 그런 것도 다 같은 맥락이다. "나는 심지를 끌어내린다. 불길이 꺼지는 것, 그것이 마음의 구제이다."라는 부처의 말도 바로 이것을 가리킨다. 모든 욕망의 불꽃이 사그라지는 것이다. 거침없이 타오르던 그 불길이 '폭' 하고 꺼지는 것이다. 그게 멸이다.

중요한 것은 여기서도 그 내용이다. 고의 원인이 되는 저 모든 것을 버리고 떠나고 비우고 내려놓고 벗어나고 해야 하는 것이다. 그게 '갈애'였다. 감각적 쾌락에 대한, 존재에 대한, 비존재에 대한 갈애, 즉 간절한 추구, 애타는 욕망, 모진 집착이었다. 그게 우리네 인간의 현실적 삶인 것이다. 그 갈애가 바로 모든 고통의 생산 공장이었다. 그래서 그 생산 라인의 전원을 내리는 것, 혹은 자재 공급의 중단, 그게 바로 버리고 떠나고 비우고 내려놓고 벗어나는 것이다. 그 과정이 멸이고 그 결과가 또한 멸인 것이다. 고통의 생산 공정이 멎는 것이다.

이는 결코 쉬운 일이 아니다. 모진 각오와 결단이 필요한 일이다. 비유하자면 사랑하는 자식에게 밥 주기를 끊어버리는 것만큼 어려운 일이다. 그러나 언젠가는 해야 할 일이다. 그래서 준비와 연습이 필요하다. 그런 건 보통 사람들에게도 어느 정도는 가능하다. '마음을 비우니(=욕심을 내려놓으니) 편해지더라' 하는 것도 그 한 사례다. '잊어버리기 위해서 떠난다'는 것도 그 한 사례다. 그 정도는 나도 무수히 해봤다. 나름 효과가 있다. 아마 대부분의 사람들이 비슷할 것이다. 그래서 그럭저럭 마음의 평정을 유지하며 살아간다. 나는 그런 상태들을, 그게 비록 잠시더라도, '소박한 득도', '조촐한 해탈', '조그만 열반'(petit nirvana)으로 간주한다. 누가 알겠는가. 그렇게 조금씩 비우고 또 비우고, 내려놓고 또 내려놓고, 떠나고 또 떠나고 … 하다 보면 모든 욕심, 모든 집착, 모든 갈애가 다 사라지고 없어진 '대멸', '전멸', '완멸', 즉 진짜 해탈, 진짜 열반, 궁극의 평안과 완벽한 고요에 이르게 될지. 청정한 피안으로 '건너가게'(度) 될지. 저 관자재보살처럼. 저 부처님처럼.

27. 도성제

Idaṃ kho pana, bhikkhave, dukkhanirodhagāminī paṭipadā ariyasaccaṃ.

ayameva ariyo aṭṭhaṅgiko maggo, seyyathidaṃ

sammādiṭṭhi … pe … sammāsamādhi.

비구들이여, 이것이 괴로움의 소멸로 인도하는 도 닦음의 성스러운 진리[苦滅道聖諦]이다.

그것은 바로 여덟 가지 구성요소를 가진 성스러운 도[八支聖道]이니,

즉 바른 보기[正見], 바른 생각[正思], 바른 말[正語], 바른 행위[正業], 바른 생계[正命], 바른 정진[正勵], 바른 일념[正念], 바른 삼매[正定]이다.

불교 경전 중 《초전법륜경》을 나는 《반야심경》, 《법구경》 등과 함께 특별히 선호한다. 유명한 《화엄경》, 《법화

경》 같은 것보다 더 중시한다. 무엇보다 간단하기 때문이다. 해인사를 통해 일반에게도 잘 알려져 있듯이 불교 경전은 흔히 '팔만대장경'으로 일컬어질 만큼 그 양이 방대하다. 그 때문에 어려운 느낌을 주는데, 《초전법륜경》은 그런 어려움이 없어 초심자가 접근하기에 상대적으로 수월하다. 더욱이 첫 설법인 만큼 불교의 근본 취지가 농축되어 있으며 젊은 부처의 숨결이 생생하게 느껴지기도 한다. 예수의 이른바 산상수훈 같은 그런 느낌이랄까….

그런데 이 경전은 좀 뜻밖에 수행의 방법론으로 이야기를 시작한다. 피해야 할 양극단의 지적, 그리고 중도-8정도에 대한 이야기다. 그러고 나서 유명한 소위 4성제를 이야기한다. 불교의 핵심인 고집멸도다. 하나씩 순차적이다. 이 마지막에서 부처는 그 수행론, 즉 8정도를 다시 한 번 정리해서 언급한다. 짐작건대 출가 이후 이 득도-설법에 이르기까지 바로 이 '수행'이 그의 실질적 삶이었기 때문일 것이다. 며칠 전까지 실제로 본인이 했던 일이니 생생한 관심사일 수밖에 없다. 그래서 이것이 맨 먼저 언급되었을 것이다. 그 8정도의 구체적인 내용에 대해서는 앞에서 상세히 살펴보았으므로 여기서는 그 수행론 자체에 대해 못다 한 이야기를 한 토막 덧붙여 보기로 하자.

나만 그런 게 아니라 아마 다른 사람들도 저 학창 시절 수학 시간에 문제를 풀며 그 답뿐만 아니라 풀이 과정도 중요하다는 선생님의 말씀을 기억할 것이다. '어떻게'라는 것이 '무엇'과 '왜' 못지않게 중요한 것이다. 여기에 '누가', '언제', '어디서'를 보태면 이른바 '육하원칙'이 된다. 나는 이 여섯 개의 '?'[질문]을 문제 이해의 근본요소로서 인정, 평소에도 굳게 신뢰하며 활용하고 있다.[22] 불교의 이해를 위해서도 이것은 대단히 유용하다.

불교란 무엇인가? 간단히 말해, 괴로움에 허덕이는 우리 중생이(누가), 그 원인인 갈애/집착을 벗어났을 때(언제), 괴로움이 소멸된 청정고요의 피안으로(어디), 도달한다는 깨달음/해탈을(무엇), 여덟 갈래 올바른 길을 걸으며(어떻게), 성취[성불]하자는 것이다. 왜냐하면, 갈애/집착이 고의 원인이므로(왜). 이것이 불교의 요체다. 팔만대장경의 취지가 이 한 마디로 다 집약된다. 너무나 간단한 논리다. 그리고 정확한 논리다.

불교에서는 이렇듯 '여기'와 '저기'가 분명하므로 여기와 저기를 연결하는, 여기에서 저기로 통하는 통로가 필요한 것이다. 여기에서 저기로 가고자 한다면 누구든 그 사이의 길을 지나야 한다. 그게 8정도고 그게 도성제다. 사람에 따라 그건 다리일 수도 있고, 고속도로일 수도 있고, 뱃길일 수도 있고, 하늘길일 수도 있다. 누군가는 두 다리로 터벅터벅 하

---

22) 참고로 나는 이 여섯 가지 질문으로 나의 인생론인 《인생의 구조》를 서술하기도 했다.

염없이 흙길을 걷기도 하고, 누군가는 덜컹덜컹 완행버스를 타고 비포장길을 달리기도 하고, 누군가는 고속버스나 고속전철을 타기도 하고, 누군가는 뗏목을 타기도 하고, 누군가는 함선을 타기도 하고, 누군가는 비행기를 타기도 한다. 그러나 그 교통수단이 어떤 것이든 그 행선지는 분명하다. 누구에게나 동일하다. '저편'인 것이다. 니체 식으로 말해 '고통의 피안'(Jenseits von Leiden)이다. 올바로 보고, 올바로 생각하고, 올바로 말하고, 올바로 행동하고, 올바로 생활하고, 올바로 노력하고, 일념으로 생각하고, 올바로 삼매에 들면, 그 피안에 도달할 수 있다. 모든 고통이 사라진 저 '고통의 피안'에. 부처 본인이 직접 걸었던 바로 그 길이다.

28. '전에 들어보지 못한 법들'과 '안-지-혜-명-광', 그 성격

'Idaṃ dukkhaṃ ariyasacca' nti [···] 'Taṃ kho panidaṃ dukkhaṃ ariyasaccaṃ pariññeyya' nti [···] 'Taṃ kho panidaṃ dukkhaṃ ariyasaccaṃ pariññāta' nti [···] 'Idaṃ dukkhasamudayaṃ ariyasacca' nti [···] 'Taṃ kho panidaṃ dukkhasamudayaṃ ariyasaccaṃ pahātabba' nti [···] 'Taṃ kho panidaṃ dukkhasamudayaṃ ariyasaccaṃ pahīna' nti [···] 'Idaṃ dukkhanirodhaṃ ariyasacca' nti [···] 'Taṃ kho panidaṃ dukkhanirodhaṃ ariyasaccaṃ sacchikātabba' nti [···] 'Taṃ kho panidaṃ dukkhanirodhaṃ ariyasaccaṃ sacchikata' nti [···] 'Idaṃ dukkhanirodhagāminī paṭipadā ariyasacca' nti [···] Taṃ kho panidaṃ dukkhanirodhagāminī paṭipadā ariyasaccaṃ bhāvetabba' nti [···] 'Taṃ kho panidaṃ dukkhanirodhagāminī paṭipadā ariyasaccaṃ bhāvita' nti me, bhikkhave, pubbe ananussutesu dhammesu cakkhuṃ udapādi, ñāṇaṃ udapādi, paññā udapādi, vijjā udapādi, āloko udapādi.

'이것이 괴로움의 진리이다.'라는, [···]

'이 괴로움의 진리는 철저하게 알아져야 한다.'라는, [···]

'이 괴로움의 진리는 철저하게 알아졌다.'라는, [···]

'이것이 괴로움의 일어남의 진리이다.'라는, [···]

'이 괴로움의 일어남의 진리는 버려져야 한다.'라는, [···]

'이 괴로움의 일어남의 진리는 버려졌다.'라는, [···]

'이것이 괴로움의 소멸의 진리이다.'라는, [···]

'이 괴로움의 소멸의 진리는 실현되어야 한다.'라는, [···]

'이 괴로움의 소멸의 진리는 실현되었다.'라는, [···]

'이것이 괴로움의 소멸로 인도하는 도 닦음의 진리이다.'라는, [···]

'이 괴로움의 소멸로 인도하는 도 닦음의 진리는 닦아져야 한다.'라는, [···]

'이 괴로움의 소멸로 인도하는 도 닦음의 진리는 닦아졌다.'라는,

전에 들어보지 못한 법들에 대한 눈[眼]이 생겼다. 지혜[智]가 생겼다. 통찰지[慧]가 생겼다. 명지[明]가 생겼다. 광명[光]이 생겼다. 나에게, 비구들이여.

《초전법륜경》에서 부처는 이른바 '고집멸도' 4성제를 설한 후, 그것들의 '그러함'과 '…여야 함'과 '그리 되었음'을 (즉, "세 가지 양상과 열두 가지 형태를 갖추어서 네 가지 성스러운 진리를 있는 그대로") 정리해 선포하고, 그 현상과 결과를 '전에 들어보지 못한 법들'이라 규정하며 그것들에 대한 자신의 통찰을 '안-지-혜-명-광'이라는 말로 당당히 선포한다. 그런 것이 ('나에게' 즉 부처 본인에게) '생겨났다' (udapādi)는 것이다. 이걸 마치 노래의 후렴처럼 고집멸도 각각의 진리들에 대해 되풀이 강조한다.

나는 이 장면을 머릿속에 그리면서 어떤 보기 드문 권위에 압도되며, 한편으로 묘한 착잡함을 느끼게 된다. 이런 눈, 이런 지혜, 이런 통찰, 이런 밝음, 이런 빛! 그가 갖게 되었다고 당당히 선포하는 이런 것을 지금 우리는 어떤 느낌으로 받아들이고 있을까? 이런 것이 지금 우리에게 어떤 취급을 받고 있을까?

인류의 전체 역사를 시야에 넣고 봤을 때 이 말은 그 전과 후를 나누는, 즉 새로운 한 시대를 여는 역사적 발언이었다. '불교'라는 것이 없던 시대에서 있는 시대로의, 즉 괴로움의 진정한 해결로 가는 길이 없던 시대에서 있는 시대로의 전환이랄까 진입이랄까 그런 선언이었다. 왜냐하면 그 내용이 '전에는 들어보지 못한 법들'에 관한 것이기 때문이다. 그의 눈-지혜-통찰-밝음-빛, 그것은 '고통'이라는, 그 발생과 소멸이라는, 이 보편적 문제를 밝히는 '최초의' 횃불이었기 때문이다.

사람들은 이런 것을 의외로 잘 모른다. 무언가가 새롭게 생겨나서, 그 전과 후가 완전히 달라진다는 것을. 새로 생겨난 그것이 얼마나 대단한 것인가를. 이를테면 예수 이전과 그 이후, 공자 이전과 그 이후, 한글 창제 이전과 그 이후, 산업혁명 이전과 그 이후, 페니실린 이전과 그 이후, 전기 발명 이전과 그 이후, 비행기 이전과 그 이후, 컴퓨터 이전과 그 이후, 휴대폰 이전과 그 이후, 코로나 이전과 그 이후 … 무수히 많다.

부처의 이 발언은 그런 종류인 것이다. 그중 하나인 것이다. 우리 모든 인간이 2고,[23] 3고,[24] 4고, 8고 … 그 무한한 고통과 무관할 수 없는 한, 그것에서 헤어날 수 없는 한, 우리는 그의 이 '눈과 지혜와 통찰과 밝음과 빛'을 주목하지 않을 수 없다. 우리에게 생로병사가 있는 한, 욕망/갈애/집착이 있는 한, 그 언젠가는 주목할 수밖에 없는 것이다. 그래서 불교는 하나의 경지이고 하나의 세계인 것이다. 하나의 선택지로서 우리 앞에 제시되어 있는 혹은 우리를 기다리고 있는 하나의 진지하고 치밀한 경지이고 세계인 것이다. 모든 것이 순탄하고 즐거울 때는 아마도 잘 모르겠지만.

---

23) 2고: 내고(內苦), 외고(外苦), 즉 정신적 괴로움과 육체적 괴로움.

24) 3고: 고고(苦苦), 괴고(壞苦), 행고(行苦), 즉 아픈 괴로움, 상실의 괴로움, 변화의 괴로움.

제 2 부

《반야심경》의 음미

29. 반야심경

'불교의 추억', 한국인이라면 아마 누구에게나 그런 게 있을 것이다. 나의 경우 그 첫 장면은 '탁발승'이었다. 어린 시절 우리 집은 큰길에 면해 있었는데, 가끔씩 스님들이 집 앞에 와서 목탁을 치면 어머니는 쌀을 한 바가지 떠서 스님이 내민 자루에 담아 드리곤 했다. 뭔가 좀 신기하고 특별했던 인상이 남아 있다. 그 다음은 '절'이었다. 정확하게 언제였는지는 기억에서 흐릿해졌지만 초등학교 저학년 때 형들이 공부를 한답시고 들어가 머물던 교외의 한 절을 놀이 삼아 찾아간 적이 있다. (그때는 몰랐지만 거기는 학가산 봉정사였고 거기엔 우리나라에서 가장 오래된 목조 건물인 '극락전'이 있어 아주 유명한 곳이었다.) 역시 신기하고 특별한 인상이었다. 거기서 나는 난생처음으로 '독경' 소리를 들었다. 그 의미는 당시 알 턱이 없었지만, 더욱 신기하고 특별한 느낌이었다. 나중에 알았지만 그게 바로 '반야심경'이었다. 정확하게는 '마하반야바라밀다심경'(摩訶般若波羅蜜多心經, Ārya shri Prajñāpāramitā-hṛdaya-sūtram)인데, '지혜의 빛에 의해서 열반의 완성된 경지에 이르는 위대한 마음의 경전'이란 뜻이다. 심경의 '심'(hrdaya)은 핵심적인 정수라는 뜻이기도 하다. 한자로는 270자, 《서유기》로 유명한 현장법사의 번역으로, 불교 경전 중 가장 짧은 것으로 알려져 있다. '심경'이라는 이름대로 불교의 핵심 사상이 압축돼 있다.

이 경전은 거기 나오는 '색즉시공'이라는 말과 맨 뒤의 주문 '아제아제 바라아제 바라승아제 모지 사바하'의 앞부분이 영화의 제목이 되면서 일반인에게도 잘 알려져 있다. 아마 팔만대장경 중 가장 유명하지 않을까?

그 후 나는 대학 철학과에 들어가 '불교 철학'을 배웠는데, 그때 동국대학에서 출강 오신 S교수님께 수업을 들으면서 이 《반야심경》의 의미를 처음 접했다. 어려웠지만 머릿속에 마음속에 작은 파랑이 일었다. 그 내용은 그때 이래 지금까지 하나의 묵직한 삶의 과제로서 내 어깨 위에 걸쳐져 있다.

내가 파악하기로 이 핵심 경전의 핵심 메시지는 맨 앞의 '조견 오온개공 도 일체고액', 그리고 맨 뒤의 '아제아제 바라아제…'였다. '오온[인간의 다섯 구성요소들]이 다 공(空)[=실체 없는 것, 헛된 것]임을 비추어 보고 모든 괴로움을 건너갔다[벗어났다]', 그리고 '갔네 갔네 건너갔네…'[가자 가자 건너가자…]였다. 바로 이 말 때문에 나는 이 경전이 불교의 핵심 경전임을 망설임 없이 인정/수긍/납득한다. 불교는 어마어마하게 방대하고 복잡한 이론의 체계를 갖추고 있지만, 부처가 가장 하고 싶었던 핵심적인 말은 결국 '도'(度), '아제아제 바라아제'(가자 가자 건너가자) 이 한마디였고, 그 이유는 역시 '고(苦)/고액'[괴로움] 이 한마디였기 때문이다. 그리고 그 '고를 벗어남'(도 일체고액)의 전제 혹은 조건이 '조견'(照見: 비추어 봄) 즉 '아는'(깨닫는) 것이고, 그 '봄/앎/깨달음'의 내용이 바로 '오온개공', 더 줄이자면 '공'(空), 이 한마디였기 때문이다. 불교의 핵심 중의 핵심 메시지가 이 경전에 거의 다 들어가 있는 것이다.

불교의 인상은 아마 나에게뿐만 아니라 대부분의 사람들에게 어렵고 오묘하고 복잡한 것일 텐데, 실은 이것만큼 간단명료한 것도 많지 않다. "헛된 것을 헛된 줄 모르고 매달려 고통에 시달리고 있는 것이니, 매달려 고통스럽게 하는 그것이 헛된 것임을 깨닫고 그 고통에서 벗어나라[벗어나자]"는 것, 이게 바로 불교[=부처의 가르침]인 것이다. 그러니 헛된 뭔가를 바라고 매달리는 한, 불교는 결코 완성되지 않는다. (번뇌/고뇌/고통/괴로움은 끝나지 않고 득도/깨달음/해탈/열반/도피안은 불가능한 것이다.) 그러니 절에 가서 불상 앞에서 뭔가 현실적인 욕망을 이루게 해달라고 소원을 비는 것은 애당초 어불성설, 번지수를 잘못 짚은 것이다. 부처는 그럴 의사도 능력도 없다. 다만, 그런 발길 자체가 계기가 되어 불교와 인연이 생겨난다면 그건 그것대로 의미가 없지는 않다.

일단은 알아야 한다. 문제를 알아야 한다. '조견'해야(비추어 보아야) 한다. 저 관자재보살(=관세음보살)이 했던 것처럼. 그 앎/지혜, 그게 바로 '반야'(팔리어 paññā, 산스크리트어 prajñā)다. 그리고 그 문제가 해소된 '완전한 상태, 구극(究極)의 상태, 최고의 상태'로 건너가야 한다. 그 건너감(수행, 실천), 그게 바로 '바라밀다'(pāramitā)다. 그게 '깊은' 것임을 부처는 알려준다. 이 《반야심경》에서. '관자재보살 행심 반야바라밀다 시 조견 오온개공 도 일체고액…'(관세음보살이 깊은 지혜 실천을 행할 때, 오온이 다 헛된 것임을 비추어 보고 온갖 고통을 건너느니라)이라고. 그리고 '아제아제 바라아제 바라승아제 모지 사바하…'(가자 가자 건너가자, 모두 건너가서 무한한 깨달음을 이루자)라고.

30. 조견 오온개공 도 일체고액

āryāvalokiteśvara bodhisattvo gambhīrāyāṃ prajñā pāram-itāyāṃ caryāṃ caramāṇo vyavalokayati sma. pañca skandhāḥ, tāṃśca svabhāva śūnyān paśyati sma. (No Sanskrit equivalent for '度一切苦厄')

觀自在菩薩 行深般若波羅蜜多時 照見 五蘊皆空 度 一切苦厄

관자재보살이 깊은 반야바라밀다를 행할 때, 오온이 공한 것을 비추어 보고 온갖 고통을 건너느니라.

누구나 대개 그렇겠지만, 우리는 공부를 할 때 특별히 중요하다고 생각하는 부분에 밑줄을 긋거나 동그라미를 치거나 한다. 나는 대학 시절 《반야심경》을 처음 읽으면서 이 부분에 밑줄을 그었다. 별 표시도 했다. 지금도 나는 이 부분이 여기서 부처가 가장 강조하고 싶은 핵심 메시지라고 생각한다. 아니 불교 전체의, 팔만대장경 전체의 가장 결정적인 한 문장이라고 생각한다. 왜냐하면 여기에 불교의 알파와 오메가, 시작과 끝, 즉 '고'(苦)와 '도'(度)가 함께 언급되어 있기 때문이다. 단언하지만, 불교는 '고'에서 시작해 '도'에서 끝난다. 그 가운데에 '조견' 즉 '비추어 봄'이 있다. 알게 되는 것이다. 무엇을? '오온개공' 즉 인간의 모든 구성요소들이 다 실체가 아닌 헛것이라는 사실을. 그런데도 그걸 모르고 그 헛된 것에 갈애를 일으키고 집착해 거기서 일체 고액이 생겨난다는 것을. 그걸 비추어 보아 알게 되었다는 것이다.

한국에 살면서 이 경전과 이 구절을 한 번도 들어보지 못한 사람은 거의 없을 것이다. 그러나 이 독경 소리를 들으면서 이런 의미를 새겨보는 사람들은 과연 몇이나 될까? 이걸 읊조리는 스님들은 과연 그 의미를 생각하고 있을까? 누군가는 그렇고 누군가는 아닐 것이다.

나는 이 의미를 강조하고 또 강조하며 여러 사람들에게 소개하고 싶다.

서두에서 부처는 '관자재보살'(관세음보살, 관음보살, 관음)이 이걸 행했고 이걸 알았다고 말을 꺼내는데, 이 존재는 석가모니 부처와 달리 실존 인물이 아니므로 나는 특별히 언급하지 않고 괄호 속에 넣어둔다. (유의미한 학문적 논의를 위해 불확실한 것을 다루지 않는 이런 '괄호 치기/밀쳐두기/판단중지/스위치 끄기'는 내가 후설의 현상학에서 배운 바이다.) 아미타불이니 미륵불이니 문수보살이니 보현보살이니 하는 존재도 마찬가지다. 나는 이 존재들에 대해 전혀 아는 바가 없다. 확인 불가능이다. 그래서 언급을 회피한다.

관세음보살이 행했다는 '반야 바라밀다'라는 개념도 나는 특별히 주목하지 않는다. 물론 그것은 '지혜'라는, 그리고 '수행-실천'이라는 아주 아름답고 고귀한 말이기는 하다. '마하'(maha: 위대한)라는 수식어가 붙을 만한 것이다. 하지만 결국 중요한 것은 그 지혜와 그 수행의 내용이기 때문이다. 그 내용이 결국 '조견 오온개공 도 일체고액'인 것이다. 이걸 음미해보자.

'일체고액'(모든 괴로움), 여러 차례 강조했지만, 이게 불교의 출발점이자 근본 전제다. 불교를 이야기할 때는 아무리 강조해도 지나침이 없다. 2고, 3고, 4고, 8고, 그리고 소위 108번뇌 …, 앞에서 이미 충분히 살펴본 대로 우리네 삶은 정말 고해(苦海: 괴로움의 바다)다. 이게 좋을 턱이 없다. 그래서 이걸 '건너야' 하는 것이다. 그 고가 없는, 괴로움이 사라진/없어진/소멸된/극복된, 괴로움의 저편으로, 피안으로, 즉 열반의 경지로 '건너가야' 하는 것이다. 그 건너감이 바로 '도'다. 그게 '도 일체고액'이다. 관세음보살이 그걸 해냈다는 것이다. 어떻게? '조견 오온개공'이다. '오온이 모두 공(空)임을 비추어 보고' 그 일체고액을 건너갔다는 것이다.

오온개공. 오온이 모두 다 공이라는 것, 헛되다는 것, 이게 부처가 깨달았다는 핵심 중의 핵심이다. '오온'(五蘊), 이건 무슨 뜻일까? 이건 앞에서 충분히 설명했지만, '색수상행식', 즉 육신-감각-사고-행위-의식, 우리 인간의 소위 '자아/나'라는 것을 구성하는 다섯 가지 구성요소다. 우리가 그토록 집착하는 삶의 실질적 요소들이다. (생각해보라. 우리는 얼마나 강하게 이 '나'라는 것에 집착하는가. 좀 더 구체적으로는 나의 육신, 나의 감각, 나의 생각, 나의 행동, 나의 의식에 집착하는가. 거기에 온갖 정성과 돈과 노력을 쏟아 붓고, 주장하고, 그 때문에 싸우고 상처 주고 상처 받고 심지어 목숨도 건다.) 이게 '일체의 고'(一切皆苦)를 초래하는 것이다. 그런데 이게 실은 다 '공'(空)이라는 것이다. 그걸 알았다는 것이다. 그걸 알고 저 일체의 고를 건너갔다는, 거기서 벗어났다는 것이다.

여기서 핵심은 결국 '공'이다. 이른바 '공'(Śūnyatā)사상이다. 이건 상당히 유명한 부분이다. 이 '공'이란 대체 뭘까? 한어로 번역된 이 말은 쉽지 않다. 그게 뭔지를 논하는 논문만 해도 용수(Nāgārjuna)의 '중론'(中論, Madhyamaka-śāstra)[25)]

25) 衆因緣生法 我說即是無 / 亦為是假名 亦是中道義 / 未曾有一法 不從因緣生 / 是故一切法 無不是空者(여러 인연으로 생기는 존재, 나는 이것이 무라고 말한다. 또한 이것이 중도의 이치라고 말한다. 그 어떤 존재도 인연에 따라 생겨나지 않은 것이 없다. 그러므로 일체의 존재는 공하지 않은 것이 없다.)

을 비롯해 아마 엄청나게 많을 것이다. 그걸 다 읽고 이해하려면 여러 해가 걸리고, 아마 머리가 터질지도 모른다. 나는 그걸 포기한다. 부처 본인도 아마 별로 권하지 않을 거라고 확신한다. 대신 우리는 '문맥'에서 혹은 '실제'(현실)에서, 자기의 지평에서, 그게 뭔지를 가늠할 수 있다. 내가 가늠하기로는, 그 오온이 절대적-항구적 '실체가 아니다'라는 것이다. 최소한 고정불변이 아니라는 것이다. (이른바 '무아론'[나라는 실체가 없다는 것]과 '연기론'[모든 존재가 인과 연에 의해 생겨난다는 것]이 이것에 얽혀 있다.) 그래서 '헛된 것'이라는 말이다. 최소한 '허망한 것'이라는 말이다. 그렇게 이해하면 일단은 문맥이 통하고 실제에 부합한다.

나의 육신[감관]이라는 것도, 나의 감각이라는 것도, 나의 생각이라는 것도, 나의 행동이라는 것도, 나의 의식이라는 것도, (앞서 살펴보았듯이) 결코 고정불변의 실체가 아니다. 다 이런저런 주변 조건들로 인해 '형성된/구성된' '임시적 존재'라고나 할까. 이런저런 만족을 우리에게 주는 것이지만, 항구적이 아닌, 결국은 허망한/헛된 것이다. 우리의 육신[감관]이라는 것도, 우리의 감각이라는 것도, 우리의 생각이라는 것도, 우리의 행동이라는 것도, 우리의 의식이라는 것도, 다 사실은 '내'가 아니고, '내 것'이 아니다. 그런데도 우리는 그 헛된 것에 그토록 강하게 매달리며 온갖 고뇌를 초래한다. 엄연한 현실이다. 그러니 그걸 알라는 것이다. 그걸 알면, 즉 헛된 줄 알면, 그토록 치열하게 갈애할 일도 집착할 일도 애당초 없고, 따라서 고통에 허덕일 일도 아예 없다는 것이다. 그런 논리다. 이게 바로 '조견 오온개공 도 일체고액'의 의미였다. 부처가 가장 말하고 싶은 핵심적(hrdaya) 내용이었다.

31. 색즉시공

iha śāriputra rūpaṃ śūnyatā, śūnyataiva rūpam, rūpānna. pṛithak śūnyatā, śūnyatāyā na pṛithag rūpam, yadrūpaṃ sā śūnyatā, yā śūnyatā tadrūpam.

舍利子 色不異空 空不異色 色卽是空 空卽是色 受想行識 亦復如是

사리자여! 색이 공과 다르지 않고, 공이 색과 다르지 않으며, 색이 곧 공이고 공이 곧 색이니, 감각, 생각, 행동, 의식도 그러하니라.

《반야심경》에서 부처는 10대 제자 중 지혜제일이라고 일컬어졌던 사리뿌뜨라(Sariputra)[26]에게 말한다. "색이 공과 다르지 않고, 공이 색과 다르지 않으며, 색이 곧 공이고 공이

---

26) 사리불. '사리의 아들'이라는 뜻.

곧 색이니, 감각, 생각, 행동, 의식도 그러하니라."(色不異空 空不異色 色卽是空 空卽是色 受想行識 亦復如是) 이 말은 윤제균 감독의 영화 《색즉시공》을 통해 엄청 유명해졌다.

앞서 말한 '오온개공'을 하나씩 부연해서 설명하는 것이다. 현장법사가 이걸 아주 멋지게 한어로 번역해냈다. 네 글자씩 가지런해 운율이 있다. 목탁을 치며 독경하기에 아주 안성맞춤이다. 그런데 여기서도 중요한 것은 그 내용이다. '불이'(不異: 다르지 않다)[27]와 '즉시'(卽是: 곧 …이다)라는 말이 색과 공, 공과 색을 이어준다. 언어적 장식을 걷어내고 보면 그 의미의 핵심은 '색'이 '공'하다는 것이다. 공(Śūnyatā)이라는 것은 이미 살펴봤다. 실체가 아닌 헛것이고, 헛된 것, 허망한 것이란 말이다. 참 수미일관된다. 심히 부정적인데, 실제가 그러하니 이런 부정적 관점을 탓할 수도 없다. 탓은커녕 이런 통찰에 탄복할 수밖에 없다.

그렇다면 '색'(色, rūpaṃ)은? '공'하다고 하는 그 '색'이란 대체 무엇인가? 빨주노초파남보 그런 색깔일까? 확대 해석하자면 아예 아닌 것도 아니겠지만, 부처가 이른바 미학적 색채론을 전개하는 것은 분명히 아니다. 그렇다면? 영화가 암시하듯이 혹시 여색-호색의 그 색? 성적인 그것? 이성을 밝히는 그것? 특별한 설명이 없으니 그것도 아예 아니라고는

27) 이 말은 농협의 '신토불이'라는 광고 카피로 유명해지기도 했다.

할 수 없겠다. 그런 거라면 아주 자극적인 주제라 특별한 관심을 끌기에 충분하고도 남음이 있다. 인간들의 최대 관심사 중 하나라 대단히 효과적일 것이다. 그런데 이 말이 정말 그런 일종의 종교적 '성 담론'일까?[28] 프로이트나 푸코 같은 그런? 문맥을 보더라도 부처의 성품을 보더라도 그건 역시 아니다. (누군가는 애석해하거나 아쉬워할지도 모르겠다.) 그렇다면? 전문가들의 설명을 들어보면 '색'이라는 이 고대 인도어(산스크리트어, 팔리어)는 형체를 가진 것, 즉 인간의 물체적인 부분을 지칭한다. 그렇다면 가장 쉽게 이해해 육신에 해당한다. 육체, 신체, 몸, 그것이다.[29] 여기엔 당연하지만 그가 강조한 (그리고 바로 뒷부분에서도 언급하는) 안이비설신 같은 감각기관도 다 포함된다. 시각-청각-후각-미각-촉각이 다 해당된다. 구체적인 언급은 없지만, 아마 신체의 모든 기관들과, 그리고 저 '색'과 관련된 남녀의 민감한 부분들도 포함될 것이다.

그 육체적인 것들이 다 '공'이라는 것이다. 그것이 공과 '다르지 않고' 그것이 '곧 공'이라는 것이다. 다 헛것이고 헛되다는 것이다. 뒤집어 말하고 있는 부분(공불이색 공즉시색)에 대해서는 전문가들 사이에 논란도 있는 모양인데, 나는

---

28) 기독교에도 예수의 이른바 '고자…' 관련 담론이 있기는 하다.

29) 그래서 이른바 '색을 밝힌다'는 것은 '이성의 육체를 탐한다'는 의미가 된다.

그건 그냥 문학적 강조로 이해해도 좋다는 입장이다. 왜냐하면 그는 앞에서 먼저 '오온개공'이라는 기본을 선포했으니 이 구체적인 부연 설명들도 다 이 기본의 범위 안에 있기 때문이다.

육체적인 것들이 다 헛되다는 것은 이해하기에 전혀 어려움이 없다. 아무리 잘 보이는 눈도 아무리 예쁜 눈도 40만 넘어가면 침침해지고 잔주름이 잡힌다. 이윽고 눈꺼풀도 처지고 백내장도 생기고, 이윽고 늙어 죽으면 썩어서 흙으로 돌아간다. (눈알을 뽑아 소경에게 시주했다는 석가모니의 전신 쾌목왕의 설화는 이와 관련해 너무나 유명하다.[30]) 인과 연으로 생겨나 잠시 반짝이는 것이다. '안즉시공'인 것이다. '안불이공 공불이안 안즉시공 공즉시안'이다.

귀(耳)도 코(鼻)도 입(舌)도 몸(身)도 다 마찬가지다. 굳이 일일이 예를 들 필요가 있을까? 효과를 위해 입과 몸만 조금 더 언급해보자. '설'은 본래 맛과 관련된 혀를 가리키지만 조금 범위를 넓게 잡으면 입이 된다. 입은 입술과 이빨을 다 거느린다. 생각해보라. 앵두 같은 입술은 인간들의 삶에서 얼마나 큰 그리고 중요한 역할을 하는가. 그것이 하는 이른바 달

---

30) http://www.culturecontent.com/content/contentView.do?search_div=CP_THE&search_div_id=CP_THE004&cp_code=cp0433&index_id=cp04330534&content_id=cp043305340001&search_left_menu=2 《賢惠經》 제3.

콤한 키스로 전 세계의 드라마와 영화들은 그 아름다운 대미를 장식한다. 그런 앵두 같은 입술도 언제까지나 그 붉음과 촉촉함을 유지하지 못한다. 결국은 그것도 다 '공'이다. '공', 아무것도 아닌 것으로 돌아가는 것이다. 그래서 '설불이공 공불이설 설즉시공 공즉시설'이다. 설(舌)을 구(口)나 순(脣) 혹은 문(吻)으로 바꿔도 마찬가지다.

몸은 또 어떤가. 건강이나 체력은 말할 것도 없고 그 어떤 아름다운 몸매도 매력적인 근육도 (아무리 관리를 잘한다 해도) 결국은 100년을 못 넘기고 그 매력을 잃게 된다. 그것도 마지막은 다 한 줌 흙으로 돌아간다. 역시 인과 연으로 생겨난 잠시 잠깐의 허상인 것이다. 죽어 화장이라도 하고 재를 뿌리면 그야말로 텅 빈 '공'이다. 지나가고 흩어지는 구름과 무엇이 다른가. 나는 몸이 보여주는 하늘거리는 춤을 너무나 좋아하고 높이 평가하지만(최승희, 강수지, 피나 바우쉬뿐만 아니라, 이효리, 비, BTS의 춤도 다 포함), 그것도 결국은 다 공이다. 한순간 아름다운 불꽃과 엇비슷하다. '신불이공 공불이신 신즉시공 공즉시신'이다.

그래서다. 맞다. '색즉시공…' 부처의 이 말은 진리인 것이다. 진리가 아닐 수 없는 것이다.

32. 수상행식 역부여시 — 수

evameva vedanā saṃjnā saṃskāra vijñānāni ca śūnyatā

舍利子 色不異空 空不異色 色卽是空 空卽是色 受想行識 亦復如是

사리자여! 색이 공과 다르지 않고, 공이 색과 다르지 않으며, 색이 곧 공이고 공이 곧 색이니, 감각, 생각, 행동, 의식도 그러하니라.

'색'과 '공'의 다르지 않음, '색'이 곧 '공'임을 설한 뒤에 부처는 '수상행식'(감각, 생각, 행동, 의식) 또한 이와 마찬가지라고 덧붙인다. 그래서 '오온'이 다 '공'이라는 것이다. 정말 그럴까? 그의 말을 한번 점검해보자. 하나씩 하나씩 다.

먼저 수(受, vedanā: 감각). 그의 말대로라면 '수불이공 공불이수 수즉시공 공즉시수'(受不異空 空不異受 受卽是空 空卽是受)가 된다. '수'란 무엇인가? '받을' 수자인데 이건 글자만 가지고는 무슨 뜻인지 알 수가 없다. 이런 건 전문가의 말을 들어보는 게 좋다. 전문가의 설명에 따르면 이건 '감각'을 가리킨다. 좀 엄밀하게 따져서 생각해보면 '감각'에도 감각기관과 감각작용과 감각내용이 구별될 수 있는데(현상학에서 말하는 노에시스[의식작용]와 노에마[의식내용]처럼), 감각기관이 안이비설신, 감각작용이 시청후상접(視聽嗅嘗接), 감각내용이 색성향미촉이라고 할 수 있다. 이 중 안이비설신은 '색'의 내용으로서 이미 살펴보았다. 수란 그 안이비설신의 작용과 내용인 시청후상접과 색성향미촉을 가리킨다. 이게 다 공이라는 말이다. 실체가 없는 텅 빈 것, 헛것이라는 말이다. 헛되다는 말이다. 정말 그럴까? 생각해보자.

상식적으로 언뜻 생각하면 이건 그대로 받아들여 납득하기가 어렵다. 일단 이 모든 것이 너무 당연한 기본이면서 너무 좋은 것이기 때문이다.

색(色)은 '모든 시각적 대상'을 가리키는데, 그걸 '본다'는 것은 숨을 쉬거나 물을 마시는 것처럼 당연한 일이다. 실제로 이것은 우리 인간의 삶의 기본 중의 기본일 뿐 아니라 존재 그 자체의 기본에 해당한다. 자연의 모든 절경도 인간의 모든 미모도 다 이것에 해당한다. 보는 일(視)과 보이는 것(色)의 좋음은 한량이 없다. 봄날 꽃들의 분홍과 노랑, 여름 나뭇잎의 초록, 가을 단풍의 노랑과 빨강, 겨울 눈과 얼음의 하양 …, 혹은 매혹적인 춤사위, 혹은 온갖 그림, 사진, 드라마, 영화 … 등등, 누군가에겐 이런 게 곧 삶 그 자체이기도 하다.

성(聲)은 '모든 청각적 대상'을 가리키는데, 이걸 '듣는다'는 것의 중요성도 결코 보이는 것을 본다는 것에 덜하지 않다. 새소리, 물소리, 바람소리는 말할 것도 없고, 모든 노래와 음악, 혹은 사랑하는 연인의 속삭임과 숨소리 …, 너무너무 당연하고도 너무너무 좋은 것이다.

향(香)은 '모든 후각적 대상'을 가리키는데, 이걸 '맡는다'는 것의 중요성도 결코 보이는 것을 본다는 것, 들리는 것을 듣는다는 것에 덜하지 않다. 굳이 샤넬의 향수 같은 걸 들먹일 필요도 없다. 장미, 라일락, 아카시아, 라벤더 … 그런 꽃향기는 말할 것도 없고, 사랑하는 이의 체취며 아기의 살냄새 … 그런 것들이 우리의 삶에 기여하는 바가 그 얼마인가.

미(味)는 '모든 미각적 대상'을 가리키는데, 이걸 '맛본다', '먹는다'는 것의 중요성도 또한 너무나 자연스러운 것이다. 입의 존재 자체가 이미 이걸 전제로 한다. 아니, 그 이전에 모든 마실 것, 모든 먹을 것들의 존재 자체가 이미 이걸 전제로 한다. 역시 기본 중의 기본인 것이다. 온갖 과일과 채소, 온갖 음식과 음료, 맛있는 것들을 구체적으로 나열하자면 역시 한도 끝도 없다. 심지어 이것들은 건강과도 연결된다.

촉(觸)은 '모든 촉각적 대상'을 가리키는데, 이걸 '만진다', 이것에 '닿는다'는 것도 역시 다른 네 가지와 마찬가지다. 이게 없다면 악수도 키스도 포옹도 섹스도 원천적으로 그 의미를 상실한다. 추위도 더위도 느끼지 못하고, 바람의 선선함도 온돌의 따뜻함도 느끼지 못할 것이다. 역시 엄청나게 좋은 것이다.

이렇게 하나같이 다 기본적이고 당연하고 좋고 필요한 것이다. 애당초 그렇게 되어 있는 자연이고 존재인 것이다.

그런데 왜? 부처는 왜 이것들을 굳이 언급하면서 경계를 하는 걸까?

이유가 있다. '공'이기 때문이다. 색이 곧 공이고, 성이 곧 공이고, 향이 곧 공이고, 미가 곧 공이고, 촉이 곧 공이기 때문이다. 즉 '수'(=감각)가 모조리 다 공이기 때문이다. 그런가? 그렇다! 실상을 보면 인정하지 않을 도리가 없다.

눈에 보이는 그 어떤 아름다운 것도 영원하지 않다. 눈의 시력도 그렇다. '화무십일홍', 그 어떤 미모도 100년을 유지하지는 못한다. 그 어떤 봄도 여름도 가을도 겨울도 일 년 내내 지속되지는 못한다. 결국은 세월에 밀리고 이울고 흔적도 없이 사라진다. 공이다.

귀에 들리는 그 어떤 아름다운 소리도 영원하지 않다. 귀의 청력도 그렇다. 새소리는 어차피 한순간이고 시냇물 소리가 아무리 듣기 좋아도 하루 종일 들으라면 지겨워진다. 사랑하는 이의 속삭임도 결국은 흔적도 없이 사라진다. 녹음한들 무슨 의미가 있겠는가. 결국은 다 공이다. 공자가 그토록 좋아했다는 '소'(韶)라는 음악도 지금은 흔적조차 없다.

코로 들어오는 그 어떤 향기로운 냄새도 영원하지 않다. 코의 후각도 그렇다. 난초의 향기도 며칠을 가던가. 사랑하는 이의 향긋한 체취도 늙으면 노인 냄새가 나고 이윽고 죽어 썩으면 토할 것 같은 악취로 변한다. 좀 극단적인가? 그래도 그게 진실인 것은 누구나 안다. 결국은 다 공이다.

혀에 닿는 그 어떤 맛있는 맛도 영원하지 않다. 혀의 미각도 마찬가지다. 꿀도 설탕도 조금만 오래 먹으면 금방 역겨워지고 아무리 맛있는 음식도 하루만 방치하면 그 맛이 떨어질 뿐 아니라 상해서 독이 된다. 결국은 다 공이다.

손에 닿는, 피부에 닿는 그 어떤 부드러운 것도 영원하지 않다. 비단이 아무리 곱다 한들 결국은 해지고 아기와 그녀의 살결이 아무리 보드랍다 한들 세월의 흐름 속에서 눈 깜박할 새에 거칠어지고 주름이 잡히고 이윽고 죽어 흙으로 돌아간다. 만지는 내 손도 피부도 또한 다를 바 없다. 결국은 다 공이다.

색성향미촉이 다 이와 같다. 그러니 '수 … 역부여시'라는 부처의 말은 진리가 아닐 수 없다. '수즉시공'(감각은 곧 공이다), 그런 줄 알고 이 감각이란 것에 너무 집착해 괴로움을 초래하지는 말아야 한다. 그게 부처가 하고 싶은 말이었다. 그 헛된 감각에 대한 갈애와 집착이 고통의 원인이므로.

33. 수상행식 역부여시 — 상

evameva vedanā saṃjnā saṃskāra vijñānāni ca śūnyatā

舍利子 色不異空 空不異色 色卽是空 空卽是色 受想行識 亦復如是

사리자여! 색이 공과 다르지 않고, 공이 색과 다르지 않으며, 색이 곧 공이고 공이 곧 색이니, 감각, 생각, 행동, 의식도 그러하니라.

다음 상(想, saṃjnā: 생각). 그의 말대로라면 '상불이공 공불이상 상즉시공 공즉시상'(想不異空 空不異想 想卽是空 空卽是想)이 된다. '상'이란 무엇인가? 이건 누구나 안다. '생각'이다. 그런데 부처는 이 생각이 공이라고 말한다. 실체가 없는 헛된 것이라는 말이다. 헛되다는 말이다. 그런가? 안타깝지만 그렇다. 생각해보자.

이 말은 사실 만만한 말이 아니다. 생각이라는 것은 사실상 인간을 인간이게 하는 가장 핵심적인 요소이기 때문이다. "나는 생각한다. 고로 존재한다"(라틴어 cogito ergo sum, 프랑스어 Je pense donc je suis)라고 말한 데카르트나 "인간은 생각하는 갈대다"(L'homme est un roseau pensant)라고 말한 파스칼도 그걸 알려준다. 비단 이들의 이 말이 아니더라도 인간에게 생각이라는 것이 얼마나 크고 중요한 부분인지 모르거나 부인할 사람은 없을 것이다. 심지어 파스칼은 인간은 생각 속에 온 우주를 담을 수 있어서 우주보다 더 위대하다고 말했고, 파르메니데스와 하이데거는 생각(noein, Denken)이 존재 그 자체(estin, Sein)와 같은 것이라고까지 말했다. 그러니 더 이상 무슨 강조가 필요하겠는가.

그런데 부처는 대체 왜 이것이 공이라고 말했을까? 이걸 이해하려면 그 '생각'의 내용을 생각해봐야 한다. 우리는 대체 무슨 생각, 어떤 생각을 하며 살고 있을까? 현실을 생각해보자. 그러면 그 생각이라는 것의 실체가 눈에 들어온다. 우선 돈 생각이다. 그리고 출세할 생각이다. 이 출세라는 말에는 어쩌면 지위와 공적과 명성이라는 것이 다 포함될 것이다. 이른바 부귀공명 이 네 가지를 통틀어 흔히 '성공'이라고 말하기도 한다. 일반적으로 사람들의 생각은 대개 이런 범주 안에서, 혹은 이런 것들을 둘러싸고 움직인다. 혹은 좀 다른 각도에서 먹고살 생각, 임 생각, 자식들 생각 … 등등. 혹은 누군가에겐 일 생각, 놀 생각 … 등등, 별의별 생각들이 다 있다. 드물게는 남 생각이나 나라 생각을 하는 사람도 있다. 이런 모든 것들이 '상'이라는 한 글자 속에 다 포함된다. 그리고 좀 확대 해석을 하자면 이 '생각'에는 이른바 '마음'(心)이라는 것도 포함될 수 있다. 그렇다면 이게 모든 존재의 근본이 된다. 《법구경》에서 말하는 '심위법본'(心爲法本)이다. 이른바 '정신'도 이 생각에 포함될 수 있다. 데카르트의 지적대로라면 정신이라는 실체의 속성이 사유 즉 생각인 것이다.

자, 그렇다면 생각해보자. 이런 생각들이 정말 공인가? 헛된 것인가? 그렇다! 헛된 것이 맞다. 최소한 아니라고 하기는 어렵다. 왜? 이 생각의 근간인 부귀공명, 그것들을 생각해보면 자명하다. 그 모든 게 다 헛되기 때문이다. 그건 저 《홍루몽》의 〈호료가〉가 너무나 멋진 노래로 알려준다. 돈도 지위도 공적도 명성도 다 한순간, 모든 게 결국은 무로 돌아간다. 하늘의 구름처럼 흩어진다. 그야말로 텅 빈 공이다. 그러니 생각들이 공이라는 이 말이 어찌 진리가 아니겠는가. 못 보면 죽을 것 같은 임 생각도 영원히 지속되지는 않는다. 금세 식어버리는 변심이 태반이고 지속돼 결혼에 이르렀다고 해도 싸우고 갈라서고…, 오래 가도 그건 어느새 우정으로 변해 있다. 그 임 생각이 연애할 때와 똑같은 생각은 아닌 것이다. 검은 머리 파뿌리 되도록 서로 아끼며 살아가도 결국은 죽어서 사라진다. 다 공이다. 공이 맞다. 몇 십 년 매달리며 삶의 실질을 이루는 자식 생각도 태반은 실망과 배신으로 끝난다.

더러 효자 효녀가 있어 극진히 부모 생각을 해준다 해도 그 전후 사정들을 보면 '선재선재라' 하며 칭찬만 하기도 어렵다. 부모가 자식의 삶을 대신 살아줄 수도 없고 자식이 부모의 삶을 대신 살아줄 수도 없다. 결국은 떠나보내야 한다. 그런 점에서 그것도 다 헛되다. 먹고 사는 생각들은 그야말로 찰나적이다. 먹고 싶은 것도 입고 싶은 것도 매일매일 바뀌고 살고 싶은 집도 십 년을 넘기기가 쉽지 않다. 그건 저 식당들과 옷가게와 부동산들과 이삿짐센터에 가보면 금방 확인된다. 그러니 결국은 다 헛되다. 이른바 사상을 포함해 학문적인 견해들도 마찬가지다. "나의 생각은…"이라고 말하지만, 실은 그것도 어디선가 누구에겐가 들은 이야기고 본래 '나의 것'은 아니었다. 또 얼마든지 바뀌고 변하기도 한다.

그런데! 그런데도 우리는 거기에 매달리는 것이다. 그 생각들로 번뇌하는 것이다. 그 번뇌가 고작 108번뇌로 끝날까? 평생을 생각해보면 거기에 '0'이 몇 개는 더 필요할지도 모른다. 심지어 그 생각들이 서로 달라 다투기도 하고 그 생각의 다름 때문에 전쟁까지도 벌어진다. 부처는 이 모든 걸 알고 있었다. 깨달았던 것이다. "아, 이 모든 생각들이 다 허망하구나. 그런데도 중생들은 거기 매달려 괴로워하는구나." 그래서다.

그래서 그는 말한 것이다. '수상행식 역부여시'라고. 생각도 또한 공이라고. 다 헛되다고. 참으로 진리가 아닐 수 없다.

34. 수상행식 역부여시 — 행

evameva vedanā saṃjnā saṃskāra vijñānāni ca śūnyatā

舍利子 色不異空 空不異色 色卽是空 空卽是色 受想行識 亦復如是

사리자여! 색이 공과 다르지 않고, 공이 색과 다르지 않으며, 색이 곧 공이고 공이 곧 색이니, 감각, 생각, 행동, 의식도 그러하니라.

다음 행(行, saṃskāra: 행농). 그의 말대로라면 '행불이공 공불이행 행즉시공 공즉시행'(行不異空 空不異行 行卽是空 空卽是行)이 된다. '행'이란 무엇인가? 이것도 부처가 특별히 주목한 것이다. 단 이것은 이른바 3법인의 하나인 제행무상의 행과는 다른 의미다. 주의해야 한다. 발음이 같아 헷갈릴 수 있기 때문이다. 제행무상의 행은 '인연에 의해 생겨난 것', '조건지어진 것'이란 뜻이고, 수상행식의 행은 '업'(karma) 즉 행위/행동이란 뜻이다. 하는 짓, 한 짓을 가리킨다. 그리고 그것을 하게 하는 의지를 가리킨다.

행위란 사실 우리네 인생의 기본이며 사전에 올라 있는 모든 동사들의 총체이다. 아니 '모든'은 아니고 '인간이 하는' 모든 짓의 총체이다. 일일이 다 열거할 수는 없지만, 이를테면 사랑한다, 미워한다, 좋아한다, 싫어한다, 사기친다, 용서한다, 죽인다, 살린다, 믿는다, 배신한다 … 그런 생적인 내용들이 다 행위다. 그게 부처가 말한 이 '행'에 다 해당한다. 문맥이나 어감 상으로는 아무래도 삶을 위해 혹은 삶과 관련해 우리가 기울이는 생적인 노력들, 특히 그런 모든 것을 부처는 염두에 두었으리라고 짐작된다. 그렇게 짐작해보면 역시 이것에는 부귀공명을 위한 애씀들, 사랑과 미움(구-득, 애-증), 그런 것들이 중심에 있지 않을까 싶다. 그런 게 우리네 삶의 사실상 대부분이기 때문이다.

바로 이런 행들이 또한 '공'이라고, 헛된 것이라고 부처는 말하는 것이다. 이 말은 좀 민감하다. 시비의 여지가 있을 수도 있다. 모든 행위가 다 공이라면 너무 부정적이 아닌가. 그럼 아무 짓도 하지 말라는 말인가, 아무 마음도 먹지 말라는 말인가. 그러고 어떻게 살 수 있는가. 수행도 행인데 그것도 공이란 말인가, 선행도 공이란 말인가. 보통 사람이라면 그런 의문이 들 수도 있다. 당연한 의문이다. 더욱이 정의를 위한 노력이나 세계평화를 위한 노력이나 인류의 구원을 위한 노력 등 긍정적이고 숭고한 것들도 '행'임에는 틀림없을 것이다. 그런 것도 다 공이고 무의미하단 말인가.

그래서다. '모든'이라는 전칭판단은 사실 그렇게 단순하지 않다. 부처도 '모든 행'이라고 말하지는 않았다. 부처가 여기서 말한 이 행의 범위가 어디까지인지는 더 신중한 사유가 필요하다. 그건 부처 본인이나 고승들에게 정중히 청해 물어보아야 한다. 다만 '삶을 위해 혹은 삶과 관련해 특히 그 이익과 관련해 우리가 기울이는 노력들'에 대해서는 이 말이 분명한 진실성을 갖는다.

예컨대 대부분의 사람들이 돈을 벌려고 평생 안간힘을 다 쓰는데, 그래 봐야 기껏 얼마를 버는가. 비록 수백억, 수조를 벌었다 하더라도 갈 때는 누구나 알다시피 '공수래공수거', 결국 다 두고서 빈손으로 가야 한다. 다 공이다. 공이 맞다. 부질없다. 자식에게 남긴들 그것 때문에 싸움이 벌어지기도 한다. 아마 누구보다도 많이 번 재벌들이 이 말의 진실성을 가장 잘 알 것이다. 최인호의 《상도》에 나오는 주인공 거상 임상옥도 그걸 잘 알고 있었다.

또 지위나 권력을 위해 기울이는 노력들도 마찬가지다. 지위와 권력을 갖기 위해 인간들은 사투를 벌이기도 하는데, 최고의 지위에 오른들 오래 가지 못하고 결국 언젠가는 내려와야 한다. 제왕들도 독재자도 그건 마찬가지고, 때로는 그것 때문에 목숨을 잃기도 한다. 기관이나 회사에서 이런저런

'장' 자리를 차지하기 위해 사람들은 온갖 노력을 기울이는데, 그것도 다 허망한 짓이다. 나는 최고의 자리에 오른 대단한 사람들을 개인적으로 여럿 아는데 그 퇴임 이후를 보면 허망하고 씁쓸하기가 짝이 없다. 전직 대통령들이 대표적이다. 그들은 분명히 알 것이다. '다 부질없다'고. '고금장상재하방 황총일퇴초몰료'(古今将相在何方 荒冢一堆草没了: 고금의 장군과 재상들이 지금 다 어디 있는고. 거친 무덤 한 무더기 풀로 사라졌네), 《홍루몽》의 〈호료가〉도 그걸 노래로 알려준다.

공적도 또한 다를 바 없다. 세상에는 수많은 공적집과 공적비가 있고 실제로 무수한 위대한 공적들이 있지만 그걸 위한 행적을 오래 기억하는 사람은 그다지 없다. 목전에서 그걸 칭찬하고 기리더라도 소위 유통기한이 있다. 긴 역사 속에서는 저 공적비처럼 모든 것이 풍화되어 사라진다. 심지어 이순신 같은 영웅도 시비에 휩싸이기도 한다. 공(功)도 결국은 다 공(空)이다. 허망한 것이 맞다. 부질없다. (나도 30여 권 책을 업적이랍시고 써서 남겼는데 그런 '행'도 다 부질없었다.)

명성인들 다르겠는가. 사람들은 인기나 명예나 명성을 위해 엄청난 노력을 기울이고 세상에는 소위 유명인, 인기인들이 실제로 넘쳐나게 많지만, 그 인기와 명성이 과연 얼마나 가던가. 최은희도 신성일도 오드리 헵번도 오마 샤리프도 찰

턴 헤스턴도 알랭 들롱도 리샤오룽도 리칭도 아쓰미 키요시도 미소라 히바리도 그 명성을 뒤로하고 다 공으로 돌아갔다. 결과를 보면 다 허망하기가 짝이 없다. 어떤 사람은 그걸 얻기 위해 그리고 유지하기 위해 몸부림치다가 그 때문에 목숨을 잃기도 한다. 스스로 목숨을 버리기도 한다. 이은주, 최진실, 전미선, 구하라, 설리 등등 한두 사람이 아니다. 그러니 그것도 다 부질없다.

부귀공명을 위한 '행'들이 다 그와 같다. '공'이다. 다 헛된 것이다. 사랑도 미움도 … 그리고 무엇도 무엇도 또한 마찬가지다. 조금만 긴 눈으로 그 전 과정을 특히 그 결과를 조망해보라. 아마 인정하지 않을 도리가 없을 것이다. '색즉시공 … 수상행식 역부여시', '행도 또한 공이다', 부처의 이 말은 참으로 진리가 아닐 수 없다.

35. 수상행식 역부여시 — 식

evameva vedanā saṃjnā saṃskāra vijñānāni ca śūnyatā

舍利子 色不異空 空不異色 色卽是空 空卽是色 受想行識 亦復如是

사리자여! 색이 공과 다르지 않고, 공이 색과 다르지 않으며, 색이 곧 공이고 공이 곧 색이니, 감각, 생각, 행동, 의식도 그러하니라.

다음 식(識, vijñānāni: 의식). 그의 말대로라면 '식불이공 공불이식 식즉시공 공즉시식'(識不異空 空不異識 識卽是空 空卽是識)이 된다. '식'이란 무엇인가? 이것은 이른바 5온의 다른 4자 '색수상행'처럼 그 의미가 간단하지 않다. 이해가 쉽지 않다. 왜냐하면 불교에는 제법 유명한 이른바 '유식론'(唯識論), 즉 6식이니 8식이니 9식이니 하는 까다롭고 복잡하고 고답적인 의식론-인식론-지식론이 있어 '식'이라는 것의 의미를 종잡기가 쉽지 않기 때문이다. 나도 대학 시절 이른바 의식의 4분설(상분, 견분, 자증분, 증자증분)을 불교 철학 시간에 배우며 후설 현상학의 선구라고 감탄한 적도 있었고, 소위 6식(안식, 이식, 비식, 설식, 신식, 의식)에 더해지는 제7식 말나식(末那識, manas-vijñāna), 제8식 아뢰야식(阿賴耶識, ālaya-vijñāna), 제9식 아마라식(阿摩羅識, amala-vijñāna)을 들으며 그 의미가 잘 와 닿지 않아 난감해했던 기억이 있다. 소위 무의식은 그중 어디쯤에 해당하는지도 궁금했다.

그런데 지금의 나는 부처의 이 말에 대해 좀 다른 생각을 하고 있다. 과연 그가 이 《반야심경》에서 이런 복잡하고 어려운 의식론을 염두에 두고 이 말을 했겠는가, 의구심이 들기 때문이다. 내가 아는 한, 부처는 그렇게 어려운 알아들을 수 없는 암호 같은 말로 설법을 하지는 않는다. 방편을 자주 동원하기는 하지만 다 보통 사람들이 알아들을 수 있는 쉬운 말로 한다. 진리를 깨우치기 위함이다. 그게 중요하기 때문이다. (그건 공자, 소크라테스, 예수 등 모든 위대한 인물들의 공통점이기도 하다.) 그렇다면 이 의식이라는 말도 마찬가지일 거라고 짐작된다. 보통 사람이 알아들을 수 있어야 한다. 그래서 생각해본다. 이 '식'이란 도대체 무엇일까?

불교 전문가들의 여러 설명을 참고해보면 이것은 의식-인식-지식의 식인데, '마음/정신' 내지 그 작용인 '앎'(인식/지식) 일반을 가리키는 듯하다. 일례로 원효는 인간의 의식작용과 관련해 "삼계(三界)는 허위요 마음이 지은 바일 뿐이며, 마음을 떠나서는 허망한 세계도 없다. … 마음이 일어나면 가지가지 경계가 생겨나고, 마음이 멸하면 가지가지 경계도 사라진다(心生則種種法生 心滅則種種法滅)."라고 말하는데, 식과 심이 무관하지 않음을 알려준다. 그래서 나는 부처의 이 말을 '마음 내지 인식-지식'이라는 뜻으로 해석한다. 그러면 식별-판별-판단도 이것에 포함된다. 이게 다 공이다. 헛되다는 것이다.

그런가? 안타깝지만 역시 그렇다. 생각해보자.

우리의 마음/정신/의식은 끊임없이 뭔가를 '안다'. '무엇무엇이 어떠어떠하다'라고 인지한다. 그 모든 것에 대해 식별-판별-판단이 작용한다. 그 작용을 인식이라고 하고 그 결과를 지식이라고 부르기도 한다. 상식이지만 그 작용도 그 작용의 결과/내용도 우리는 다 앎이라고 부른다.[31] 그게 '식'이다. 그 규모나 범위는 한량없다. '사과는 빨갛다', '개나리는 노랗다'부터 '거짓말은 나쁘다', '그녀는 예쁘다'도 포함해서 '지구는 둥글다', '우주는 팽창한다', '$E = mc^2$'에 이르기까지, 거의 무한정이다. 그런데 부처가 이른바 과학적 지식 같은

31) 후설 현상학에도 이런 의식론이 있다. 하나의 의식이지만 거기엔 의식작용(noesis)과 의식내용(noema)이 구별된다고 그는 통찰한다. 불교 유식론의 이른바 견분(見分)과 상분(相分)에 해당한다.

것을 염두에 두었을 리는 없었을 거고, 짐작이지만 아마도 삶과 관련된 인식과 지식을 염두에 두고 이 말을 했을 것이다. 특히 우리가 사는 내내 끊임없이 내리는 시비선악의 판단들, 이렇다 저렇다, 맞다 틀리다, 좋다 나쁘다 … 그런 판단들, 그것을 나의 생각, 우리의 생각이라고 고집하고 집착하고 매달리고 심지어 그것 때문에 갈등, 대립, 투쟁도 일어난다. 그런 게 우리네 삶의 여실한 실상이다. 그건 부부 사이에도 부모자식 사이에도 친구 사이에도 있고, 정파나 국가 사이에도 당연히 있어 그것이 고통으로 이어진다. 그런데 그토록 집착하는 그런 판단이란 게, 나의 인식이라는 게 얼마나 허망한 것인가. 이렇다고 알았던 게 저렇기도 하고, 맞는 줄 알았던 게 틀리기도 하고, 좋은 줄 알았던 게 나쁘기도 하다. 설혹 정말 이렇고 맞고 좋은 거라도 그것도 그 한때의 일, 조금만 세월이 지나도 그 의미 자체가 퇴색하고 이윽고 그렇고 그런 아무것도 아닌 일이 되고 만다. (심지어 과학적 지식까지도 불변하는 것이 아님을 저 토마스 쿤과 칼 포퍼가 알려준다.) 지난 세월의 신문들, 거기 실린 그 심각했던 (시비선악을 다투었던) 사건들이 아마 증거로 제출될 수도 있을 것이다. 그래서 공인 것이다. 지나고 보면 결국은 다 헛된 것이 되고 만다. (그런 걸 위해 왜 그토록 고집하고 다투고 다치고 다치게 하고 했던 걸까…) 그러니 그런 시비선악의 판단과 집착과 다툼이 무슨 의미가 있겠는가. 다 공이다. 뒤통수만

한 대 세게 맞아도 의식은 금방 어디론가 사라지고, 치매라도 오면 일체의 앎을 담은 그 식 자체가 아예 흐려지고 죽으면 아예 깨끗이 지워진다. 혹은 비워진다. 텅 빈 그야말로 공이다. 그러니 부처의 이 말도 또한 진리가 아닐 수 없다.

36. 제법공상 불생불멸

ihaṃ śāriputra sarvadharmāḥ śūnyatālakṣaṇā, anutpannā, aniruddhā amalā na vimalā, anonā, na paripūrṇāḥ

舍利子 是諸法空相 不生不滅 不垢不淨 不增不減

사리자여! 모든 법의 공한 형태는 생겨나지도 없어지지도 않으며, 더럽지도 깨끗하지도 않으며, 늘지도 줄지도 않느니라.

철학 공부를 하다 보면 어떤 사실에 대해 '응?' 하고 호기로운 흥미를 느끼게 되는 장면이 여럿 있는데, 동서고금이 다름에도 비슷하거나 겹쳐지는 발언들을 접할 때 특히 그렇다. 사람들에게 제법 익숙한 《반야심경》의 말 '불생불멸'(不生不滅, anutpannā, aniruddhā)도 그런 부류다.

일반인들은 잘 모를지도 모르겠지만, 서양 고대 철학에도 이와 똑같은 표현이 등장한다. 아낙시만드로스와 파르메니데스와 데모크리토스의 경우다. 아낙시만드로스는 이른바 '무

규정자'(to apeiron)에 대해서, 파르메니데스는 이른바 '존재' (estin, eon)에 대해서, 데모크리토스는 이른바 '원자'(atoma)에 대해서, 그것들이 '불생불멸'이라고 말한다.32) 그 '절대적'인 속성을 가리키는 것이다. 그런데 똑같은 이 말을 서양 형이상학과 아무 상관이 없는 고대 인도의 불교에서도 듣게 되니 신기할 수밖에 없다.

부처는 이른바 '제법공상'(諸法空相)에 대해서 이 말을 한다. 허공의 뜬구름 잡듯 무턱대고 하는 막연한 말이 아니라 '제법공상'이라는 구체적인 내용이 불생불멸이라는 말이다. '제법공상'이란 어려운 한어지만 그 바로 앞에서 한 말, 즉 '색즉시공, … 수상행식 역부여시', 즉 '오온개공'을 가리키는 것이다. 이건 자세히 논했으니 다시 재론할 필요는 없을 것이다. 인간의 다섯 가지 근본 구성요소들이 다 헛되다는 것이다. '시 제법공상'은, "이[이러한] 여러 존재들의 공한 모습은[공하다/공이라는 사실은]…", 그런 뜻이다. 송구하지만, 학문적 언급을 딱 한마디만 하자면, 여기서 언급된 '제법'이

---

32) "헬라스 사람들은 생성(to ginesthai), 소멸(to apollysthai)이라는 말을 쓰고 있지만 이것은 옳지 못하다. 왜냐하면 어떠한 것도 생겨 나오지도 않거니와 멸하지 않으며, 오히려 이미 있는 것들(khremata)로부터 혼합된다든지 분리된다든지 하는 것이므로. 그렇기 때문에 생성이라는 말 대신에 혼합(symmisgesthai)이라는 말, 소멸이라는 말 대신에 분리(diakrinesthai)라는 말을 쓰면 될 것이다."(아낙사고라스)

란 말은 그 '법'이라는 표현 때문에 엄청 어려운 느낌을 주기도 하는데, 너무 겁먹을 필요는 없다. 산스크리트 원문에서 이것은 'dharma'(다르마, 達磨)인데, 마치 그리스어의 'logos'처럼 그 의미의 폭이 상당히 넓다. 진리나 법이나 궤범이나 이치/이법 같은 뜻도 있지만, 여기서는 그냥 '존재'라는 뜻이다. 이 존재들, 혹은 이것들, 즉 '오온', 즉 '색수상행식', 즉 인간의 육신[감관]-감각-생각[관심]-행위-의식[지식]을 지칭한다. 그러니 특별히 어렵고 고답적인 말은 아닌 것이다. 그러니 지레 겁먹을 필요는 없는 것이다.

중요한 것은 그런 것들이 '공이다/공하다/헛것이다/헛되다'라는 이 사실, 이런 모습(相)이 '불생불멸…'이라는 것이다. '불생불멸'이라는 것은 역시 상당히 어렵고 고답적인 인상을 주는 말이긴 한데, 파르메니데스의 설명을 원용하자면, "옛날엔 없었는데 없다가 어느 시점에 처음으로 생겨난 것, 지금은 있는데 있다가 어느 시점에 마침내 없어질 것, 그런 성격의 것이 아니다"라는 말이다. 그러니까 이 말은 오온개공이라는 이 진리적 현상이 단적으로 그러하며 이른바 과거-현재-미래라는 시간을 초월해서 항상적으로 그러하다는 것이다. 영구불변의 진리라는 말이다. 그런 강조의 문학적 표현인 것이다.

물론 시간의 한 지점에서 태어나 80여 년 살다가 시간의 한 지점에서 죽은 부처가 영원한 과거와 영원한 미래를 확인할 수는 없는 일이다. 그러나 진리란 것은 현재의 한 시점에서 그 과거의 존재성과 그 미래의 존재성을 그 현재의 존재성 안에 내포해 보여준다. 현재의 한순간일지라도 과거와 미래의 영원을 직관적으로 알 수가 있는 것이다. 부처는 그것을 꿰뚫어 보고 이런 발언을 한 것이지 아득한 과거와 아득한 미래를 직접 제 눈으로 확인하고 한 말은 아닌 것이다. 그럴 수도 없고 그럴 필요도 없다. 어떤 현재는 과거와 미래를 그 현재 안에 내포해 보여준다. 그게 근거다. 그리고 우리 인간에게는 그런 것을 볼 수 있는 능력이 주어져 있다. 이른바 혜안이다. 비록 드문 경우이기는 하지만. 부처는 그런 혜안으로 그런 불생불멸을 바라본 것이다. 그 누가 이 말에 시비를 걸겠는가.

오온개공이라는 이 제법공상은 불생불멸이다. 과거에도 미래에도 그러한 것이 맞다. 틀림없다. 지금 그것이 우리에게 그러한 것처럼. 지금 우리가 우리 자신에게서 확인하고 있는 것처럼.

37. 제법공상 … 불구부정

ihaṃ śāriputra sarvadharmāḥ śūnyatālakṣaṇā, anutpannā, aniruddhā amalā na vimalā, anonā, na paripūrṇāḥ

舍利子 是諸法空相 不生不滅 不垢不淨 不增不減

사리자여! 모든 법의 공한 형태는 생겨나지도 없어지지도 않으며, 더럽지도 깨끗하지도 않으며, 늘지도 줄지도 않느니라.

이어서 '불구부정'(不垢不淨, amalā na vimalā)이라는 말을 음미해보자. 고승들이나 불교학자들은 어떤지 모르겠으나, 나는 이 말이 약간 걸린다. 듣고서 곧바로/쉽게 납득되지 않는다는 말이다. 말 자체가 어려운 것은 아니다. 고답적인 느낌도 없지 않아 솔직히 좀 멋있기도 하다. 그런데 문제는 말의 조합이다. 다른 것도 아닌 '제법공상'에 대해 '불구부정'이라는 건 금방 연결이 잘 안 되는 것이다. 시중에는 이 말에 대한 여러 해석들이 있고 원효의 해골바가지 물이나 돼지고

기나 똥이나 '꾸마리의 초경'이나 발우공양 등을 예로 들며 깨끗함과 더러움의 분별이 갖는 한계 내지 무의미를 논하기도 한다. 취지는 다 좋다. 나름 설득력도 있고 더러 감동적으로 들리기도 한다. 그러나 《반야심경》에 나오는 부처의 이 말은 일체 존재가 불구부정이라는 그런 일반론이 아니다. 구체적인 문맥이 있고 구체적인 주어가 있는 것이다. 즉, '시제법공상'이 그렇다는 것이다. '오온개공'이라는 이 진리가 그렇다는 것이다. '색수상행식이 다 공이다/헛되다'는 이 사실이 불구부정이라는 것이다. 더럽지도 않고 깨끗하지도 않다는 것이다. 나는 스님이 아니고 철학자라 이 문맥이 궁금하다. 논리학을 공부한 학자로서 의미가 정확해야만 직성이 풀리는 것이다. 그래서 생각해본다. 이 '제법공상 … 불구부정'(이 존재들의 헛됨은 더럽지도 않고 깨끗하지도 않다)이란 말은 어떤 뜻일까?

'깨끗하다', '더럽다'는 말은 보통의 경우는 어떤 구체적인 대상에 대해 느끼는/내리는 일종의 가치평가다. 손발이나 얼굴을 포함한 몸에 대해, 옷이나 신발에 대해, 거울에 대해, 거리에 대해, 물-강-바다 등 자연환경에 대해 … 기타 등등에 대해 우리는 더럽다거나 깨끗하다거나 하는 감정적 반응을 한다. 더러는 사람의 마음 또는 인품에 대해서도 그런 반응을 하거나 평가를 내린다. 그런 반응 내지 평가 자체는, 즉 무엇무엇이 깨끗한가, 더러운가 하는 것은 맞기도 하고 틀리기도 하고, 또 어떤 경우는 그 평가 자체가 무의미할 수도 있다. 그런 건 이해가 가능하다. 그런데 제법공상이 불구부정이다? 이건 경우가 다른 것이다. 문맥이 다른 것이다. 그래서 걸리는 것이다. 도대체 무슨 뜻일까? 어떤 의미로 부처는 이 말을 한 것일까?

본인에게 직접 물어 확인할 수가 없으니 나는 그저 짐작해 본다. '오온개공'이라고 하는 이 '제법공상', 이건 말하자면 진리인데, 이 진리가 더럽지도 않고 깨끗하지도 않다? 내가 짐작하기에 부처가 이 말을 한 취지는 인간의 본성에 깨끗하고 더러움이 없다는 그런 게 아니라, 제법공상이라고 하는 이 진리가 단적으로 실제로 그와 같다고 하는 것, 즉 더럽고 깨끗함이라고 하는 인간적 분별을 넘어선 것, 오염되지도 정화되지도 않는 것, 않을 것, 그럴 필요도 없는 것, 그런 거라는 말인 것 같다. 여러 고승 대덕들이 알려주듯이 인간의 본성은 본래 하늘의 명월처럼 그 스스로 밝은 것인데, 구름 같은 인간의 판별이 개입해서 어둡니 밝니 흐리니 맑니 하고 평가를 하는 것이다. 더럽다, 깨끗하다 하는 것도 그런 인간적 분별일 뿐이다. 진리 그 자체는 그런 분별에 영향 받지 않는다. 좌우되지 않는다. 그래서 불구부정인 것이다. 더럽지도 않고 깨끗하지도 않은 것이다. 오온이 다 공이라는 것, 이 '제법공상', 이 진리도 바로 그런 것이다. 불구부정인 것이다. 인간적 분별-평가를 초월해 실제로 그러한 것이다. 저 스스로 맑고 밝은 것이다. 더럽게 할 수도 없고, 깨끗하게 할 수도 없는 것이다. 그럴 필요도 없는 것이다. 그렇지 않은가. 달을 향해 오물을 던진다고 그것이 더러워지겠는가. 걸레질을 한다고 달의 얼룩이 지워지겠는가. 그걸 모르고 인간들이 달을 가지고 더럽니 깨끗하니 어쩌고저쩌고 한다면 그건 그 달의 옥토끼도 웃을 일이다. 항아도 웃을 일이다. 진리 그 자체는 불구부정이다. 애당초 더럽지도 깨끗하지도 않다. 더럽게 할 수도 없고 깨끗하게 할 수도 없다. 인간적 평가를 초월한 것이다. '불구부정', 부처의 이 말은 대략 이런 뜻이다.

38. 제법공상 … 부증불감

ihaṃ śāriputra sarvadharmāḥ śūnyatālakṣaṇā, anutpannā, aniruddhā amalā na vimalā, anonā, na paripūrṇāḥ

舍利子 是諸法空相 不生不滅 不垢不淨 不增不減

사리자여! 모든 법의 공한 형태는 생겨나지도 없어지지도 않으며, 더럽지도 깨끗하지도 않으며, 늘지도 줄지도 않느니라.

이어서 '부증불감'(不增不減, anonā, na paripūrṇāḥ)이라는 말을 음미해보자. '제법공상'이 '부증불감'(늘지도 줄지도 않는다)이라는 부처의 이 말은 어떻게 받아들여야 할까? 내가 굳이 이것을 거론하는 것은, 대학 시절 이 말을 처음 접했을 때 느꼈던 어떤 약간의 '낯섦' 때문이다. 왜 하필 '증감'이라는 말을 그는 동원했을까?

혹자는 이것을 소유의 많고 적음과 연결 지어 해석하기도 하는데, 나는 학자로서 그런 해석은 좀 지지하고 싶지 않다.

확대 해석은 물론 자유이고 그런 해석의 의의도 충분히 있지만, 일단은 문맥에 충실한 게 최선의 해석이기 때문이다. 그렇게 보면 부처의 이 말은 '소유'의 문제와는 일단 거리가 있다. 인간의 '가짐'이 문제가 아니라 '제법공상'이라는 이 불교적 진리 자체의 '불변'이 문제이기 때문이다. 물론 이 발언 내지 표현에서 인간이 전혀 무관하지는 않다. 왜냐하면 이 증감이라는 것이 일차적으로 진리 그 자체의 늘지 않고 줄지 않음을 말하는 것이긴 하지만 (즉 고정적 불변성을 지시하긴 하지만) 인간들에 의한 보탬과 줄임을 경계하는 말이기도 하기 때문이다. 이 진리는 고정불변이라 인간들이 그것에 대해 보탤 것도 없고 뺄 것도 없다. 인간들의 얄팍한 지식으로 이렇다 저렇다 할 대상이 아니라는 말이다. 어쩌면 지금 내가 여기서 이것에 대해 말하고 있는 것도 주제넘은 '보태기'인지도 모른다. 하기야 진리 그 자체는 인간들이 보탠다고 늘지도 않고 뺀다고 줄지도 않는다. 내가 소위 '경'(經)[33]에 대한 '론'(論)[34]과 '소'(疏)[35]를 그다지 높이 평가하지 않는 것도 바로 그 때문이다. 그런 것들은 진리라는 바다에 보태는 한 잔의 물에 지나지 않는다. 혹은 밝은 대낮에 켜는 한 자루의 촛불 같은 것이다. 혹 그것에 대한 비판적 언급이 있다면

33) 부처의 말을 직접 기록한 것.

34) 경에 대한 해설.

35) 주석.

그것도 결국 바다에서 떠내는 한 잔의 물, 혹은 햇빛을 가리는 손바닥 하나 같은 그런 것이다. 바다나 햇빛이 그런 것으로 늘거나 줄 턱이 없는 것이다.

진리는 그 자체로도 변함이 없지만 여하한 인간적 가감에도 영향 받지 않는다. 그런 진리가 바로 '제법공상' 즉 '오온개공'이라는 것이다. '색즉시공'이고 '수상행식 역부여시'라는 것이다. 그게 '부증불감'(늘지도 않고 줄지도 않는다) 즉 불변이라는 것이다.

인간의 모든 욕신은 결국 공으로 돌아간다. 헛된 것이다.

인간의 모든 감각도 결국 공으로 돌아간다. 헛된 것이다.

인간의 모든 생각도 결국 공으로 돌아간다. 헛된 것이다.

인간의 모든 행위도 결국 공으로 돌아간다. 헛된 것이다.

인간의 모든 지식도 결국 공으로 돌아간다. 헛된 것이다.

오온개공이다. 이러한 진리(=제법공상)에는 어떠한 '더'도 없고 어떠한 '덜'도 없다. 언제나 어디서나 누구에게나 변함없다. 2,500년 전의 인도라고 더한 것이 아니었고 21세기의 한국이라고 덜한 것도 아니다. 빈천한 자라고 더한 것이 아니고 부귀한 자라고 덜한 것도 아니다. 부처님이라고 이게 덜한 것이 아니었고 이걸 쓰는 나나 이걸 읽는 당신이라고 더한 것이 아니다. 이 진리는 만인에게 공평하다. 똑같이 공이다. 똑같이 헛된 것이다. 그러니 이 오온에 집착하고 갈애를 일으켜 고를 초래하지 말아야 한다. 그 공함/헛됨을 알고 괴로움에서 벗어나야 한다. 부처가 하고 싶었던 말은 오직 이것이지, 이것보다 '더'도 '덜'도 아니었다. '시 제법공상 부증불감'을 나는 이렇게 읽는다.

39. 무(=없음)

tasmācchāriputra śūnyatāyāṃ na rūpam, na vedanā, na saṃjñā, na saṃskārāḥ, na vijñānāni

na cakṣuḥ śrotra ghrāṇa jihvā kāya manāṃsi, na rūpa

是故 空中無色 無受想行識

無眼耳鼻舌身意

無色聲香味觸法 無眼界 乃至 無意識界

無無明 亦無無明盡 乃至 無老死 亦無老死盡

無苦集滅道 無智亦無得

以無所得故 菩提薩埵 依般若波羅蜜多故

心無罣礙 無罣礙故 無有恐怖 遠離顚倒夢想 究竟涅槃

三世諸佛 依般若波羅蜜多故 得阿耨多羅三藐三菩提

그러므로 공 가운데에는 실체가 없고 감각, 생각, 행동, 의식도 없으며,

눈도 귀도 코도 혀도 몸도 의식도 없고,

색깔도 소리도 향기도 맛도 감촉도 법도 없으며, 눈의 경계도 의식의 경계까지도 없고,

무명도 무명이 다함까지도 없으며, 늙고 죽음도 늙고 죽음이 다함까지도 없고,

고집멸도도 없으며, 지혜도 얻음도 없느니라.

얻을 것이 없는 까닭에 보리살타는 반야바라밀다를 의지하므로

마음에 걸림이 없고 걸림이 없으므로 두려움이 없어서, 뒤바뀐 헛된 생각을 멀리 떠나 완전한 열반에 들어가며,

삼세의 모든 부처님들도 반야바라밀다에 의지하므로 최상의 깨달음을 얻느니라.

철학의 눈으로 불교를 들여다보면 흥미로운 부분이 하나 둘이 아니다. 인용한 이 부분도 그렇다. 서양철학 식으로 말하자면 일종의 존재론이다. 더 구체적으로 더 정확하게 말하자면 존재론의 특수 항목인 '무'론이다. 무(無, ouk esti/nothing/Nichts/néant)를 언급한다는 것은 예사로운 일이 아니다. 실제로도 드물다. 서양철학에서는 파르메니데스와 헤겔과 하이데거와 사르트르의 무론이 제법 유명하다. 그러나 '무'라고 해서 다 같은 '무'가 아니다. 말은 같지만 사람마다 그 내용은 다 다르다. 그래서 다루기가 까다로운 주제다. 동양에서는 노자의 무론이 있고 부처의 무론이 있다. 바로 이 부분이다.

그런데 부처가 또 보통 인물인가. '무'에 대한 그의 말도 참 특이하다. 아주 독특하다.

물론 편의상 무론이라고는 했지만 서양철학의 무론과는 다르다. '무란 무엇인가?' '무란 이러이러한 것이다.' 그런 형이상학적 논의가 아니다. 무엇무엇의 '없음'이 곧바로 구체적으로 언급된다. 그 없음의 내용이 문제인 것이다.[36] 무언가가 '있고 없음'에서 그는 이 '없음'의 가치를 언급하는 것이다. 이 언급은 곧 없는 그것에 대한 지시요 강조에 해당한다. 그게 뭐지? 보는 대로다. '색수상행식'의 없음이다. '안이비설신의'의 없음이다. '색성향미촉법'의 없음이다. '안계 내지 의식계'[감각과 정신]의 없음이다.[37] '무명과 무명진' 내지 '노사와 노사진'의 없음이다. '고집멸도'의 없음이다. '지'(智)와 '득'(得)의 없음이다. 그리고 '가애'[마음에 걸림]의 없음이고 '공포'의 없음이다. 그 결론이 '원리전도몽상 구경열반'(遠離顚倒夢想 究竟涅槃: 뒤바뀐 헛된 생각을 멀리 떠나 완선한 열반에 들어가며)이다. 이 무론이 결국 '열반'과 연결되어 있는 것이다. 이 점이 중요하다.

그는 왜 이런 말들을 꺼냈을까? 그 힌트는 맨 처음의 단어 '공'(空)에 있다. 그리고 맨 나중의 단어 '열반'에 있다. 그가

---

36) 이 점은 노자의 경우와 유사하다. 단, 그 '무엇무엇'의 내용은 또 다르다. 노자의 경우는 졸저 《노자는 이렇게 말했다》 참조.

37) http://blog.daum.net/phceo/8810970 참조.

열거한 이 모든 단어들이 실제로는 다 '있는' 것들이다. 바로 그 '있음'이 문제가 되기 때문이다. 그래서 그 '없음' 즉 '무'가 불교에서는 가치가 되는 것이다. 그런데 이것들의 있음이 왜 문제일까? 생각해보자. 이것들, 즉 위에 나열된 단어들은 실은 우리 인간들의 소위 삶이라는 것의 실질적 내용들이다. 색수상행식, 안이비설신의, 색성향미촉법, 안계~의식계, 무명, 노사, 고집멸도, 지, 득, 가애, 공포, 이게 다 '나'라는 것의 실질적 내용들이고 그 '나'가 하는 '삶'의 내용들이다. 그런데 중요한 것은, 앞에서 엄청 강조한 대로 이것들이 다 '고'의 근원/원인이 된다는 것이다. 그런데 바로 이것들이 결국은 다 '공'이었다. 실체가 없는 헛된 것이었다. 그게 부처의 깨달음-가르침의 핵심이었다. 핵심 중의 핵심이었다.

그러니 그의 무론은 단순명쾌하다. 이것들이 다 있어서 [즉 작용해서] 고를 초래하는 것이니, 그 공함을 알면, 혹은 이것들이 결과적으로 공에 이르면, 그 원인인 이 모든 것이 '무'이고 (즉 없게 되고) 그 '있음'이 야기하는 온갖 고통도 다 사라진다는 것이다. 그게 궁극적 경지인 '열반', 즉 모든 것이 사그라진 상태라는 것이다. 마음에 걸림이 없고 공포도 없고 전도된 몽상도 멀리 떠난 그런 상태라는 것이다. 참으로 단순명쾌한 논리가 아닐 수 없다. 이런 과정을 수행하는 것이 곧 반야바라밀다(지혜 수행)이고 이런 과정을 수행하는 사람이 곧 보리살타(=보살)요 삼세제불(부처들)인 것이고 이런 과정을 수행한 결과가 곧 아뇩다라삼먁삼보리(최상의 올바른 깨달음)인 것이다.

있고 없음의 이런 상관관계를 알려주는 존재론, 나는 이런 것을 내가 전공한 하이데거의 존재론보다 훨씬 더 가치 있는 것으로 평가한다. 있어서 나쁜 것은 없애서 좋아져야 한다. 그게 불교식 존재론이다. 무엇이 있고 무엇이 없느냐가 중요한 것이다. 그 있음이 어떠하고 그 없음이 어떠하냐가 중요한 것이다. 그 점을 잊지 말자. 불교의 존재론, 특히 무론은 그 '없음'을 지향하는 일종의 수행론이지, '있어 보이기' 위한 지적 유희나 현학적인 형이상학이 절대 아니다.

40. 아제아제 바라아제

tasmāt jjñātavyam prajñāpāramitā mahāmantro mahāvidyāmantro anuttaramantro asamasamamantraḥ sarvaduḥkhapraśamanaḥ satyam amithyatvāt praj.āpāramitāyām ukto mantraḥ

Tadyathā- Om Gate Gate Pāragate Pārasaṃgate Bodhi Svāhā

故知 般若波羅蜜多 是大神呪 是大明呪 是無上呪 是無等等呪 能除 一切苦 眞實不虛

故說 般若波羅蜜多呪 卽說呪曰

揭諦揭諦 波羅揭諦 波羅僧揭諦 菩提 娑婆訶

그러므로 반야바라밀다는 가장 신비하고 밝은 주문이며 위없는 주문이며 무엇과도 견줄 수 없는 주문이니, 온갖 괴로움을 없애고 진실하여 허망하지 않음을 알지니라.

그러므로 반야바라밀다 주문을 말하니 이러하니라.

가자 가자 건너가자, 모두 건너가서 무한한 깨달음을 이루자.

지금도 '종요'(宗要)니 '종지'(宗旨)니 하는 말이 사용되는 경우가 있는지 모르겠다. 뒷글자를 모은 '요지'라는 말은 지금도 쓰이고 누구나 그 의미를 이해한다. 대학 시절 어떤 불교 관련 서적에서 이 단어를 보고 사전을 찾아본 기억이 있다. 지금도 다시 찾아보면 '종지의 요긴한 뜻'이라는 설명 아닌 설명이 적혀 있다. 그때 나는 이 말의 내용으로 《반야심경》 맨 마지막에 나오는 낯선 산스크리트 말 '아제아제 바라아제 바라승아제 모지 사바하'를 떠올렸다. 어디선가 그 의미를 살짝 들었기 때문이다. "가자 가자 건너가자, 모두 건너가서 무한한 깨달음을 이루자"라는 뜻이었다. 지금도 나는 이 말이 저 방대한 팔만대장경의 지향을 한마디로 축약하는 요지라고 이해한다. 적어도 대표적 구호라고 생각한다. 표현은 다르지만 이 문장은 심경 맨 앞에 등장하는 '도 일체고액'과 그 의미가 상통한다. '구경열반'과도 상통한다.

이 말은 '이쪽'과 '저쪽'을 전제한다. 차안과 피안이다. 이쪽-차안은 이른바 속세이고 저쪽-피안은 이른바 출세간, 아니 그보다 더 저쪽인 이른바 열반의 경지, 극락의 세계다. 내용을 말하자면 모든 욕망의 불길이 꺼진 곳, 따라서 모든 고통이 사라진 곳, 그런 경지다. 그런 곳으로 건너가자는 것이다. 그 이쪽과 저쪽 사이에 이른바 고해, 괴로움의 바다가 가로놓여 있다. (부처 본인은 이 바다를 '강'으로 비유하기도 한다.[38]) 그 바다를 건너는 배[39]가 바로 불교다. 그 모든 설법과 수행들이 다 그 배인 것이다. 그런 점에서 불교는 일종의 항해술이라고 나는 표현했다. 이 항해는 **'고의 발생'에서 '고의 소멸'**이라는 분명한 항로를 갖는다. '능제 일체고'(能除一切苦)라는 말이 그 방향성을 알려준다. '모든 고통을 제거할 수 있다'는 말이다. 무엇이? 반야바라밀다가. 지혜수행이. 즉 바로 이 말이. '아제아제 바라아제…'가.

부처는 이 말을 '주'(呪)라고 부른다. 간절히 비는 말이다. '주'라는 이 말의 의미는 누구나 대개 이해한다. '주문'이라고 해도 알아듣는다. 남이 잘못되길 비는 나쁜 내용은 '저주'라고 부르기도 한다. 부처의 이 주문은 물론 모두가 잘되기를 비는 좋은 주다. 부처는 이 주문을 최고의 것으로 스스로 평가한다. '시대신주 시대명주 시무상주 시무등등주'(是大神呪 是大明呪 是無上呪 是無等等呪), 즉 가장 신비한 주문이며 가장 밝은 주문이며 위없는 최고의 주문이며 무엇과도 견줄 수 없는 주문이라는 것이다. 이건 '진실불허'라고도 평가한다. 참되며 빈말이 아니라는 것이다. 그러니 이게 불교의 종지인 것이다.

---

38) 《숫타니파타》 771 참조.

39) 부처 본인은 이것을 '뗏목'으로 비유하기도 한다. 《숫타니파타》 21 참조.

'아제아제 바라아제…' 이걸 더 줄여서 딱 한마디로 축약하면 그게 '도'(度)다. 건너가는 것이다. 이쪽에서 저쪽으로. 차안에서 피안으로. 고통이 있는 곳에서 고통이 없는 곳으로.

이 세상에는 소위 불교라는 것이 있다. 엄청난 세력을 갖고 있다. 엄청난 이론을 갖고 있다. 무려 팔만대장경이 라는 말이 그 방대함을 상징한다. 우리는 그 엄청난 것들을 눈앞에 다 펼쳐놓고 생각해봐야 한다. 그 모든 게 결국 이 한마디 단어와 문장으로 축약된다는 것을. 한 손 안에 쥐어진다는 것을. 그게 바로 '건너가자'는 말이라는 것을. 이쪽에서 저쪽으로. 고통의 바다를 건너 고통이 없는 피안으로. 욕망과 갈애가 사라진 곳, 그 불길이 꺼져 고요한 곳, 청정한 곳, 그런 열반의 세계로. 그 배를 탈 것인지 말 것인지는 각자의 선택에 달려 있다. 그 배에는 부처라는 뱃사공이 노를 들고 기다리고 있다. 아마 염화시중의 미소를 띠고 있을 것이다. 이 책이 그 나루터로 가는 길을 안내하는 하나의 이정표가 될 수 있다면 좋겠다. 오늘도 고통 속에서 허우적거리며 그 출구를 기웃거리는 여러 독자들의 성불을 기원한다. "아제아제 바라아제 바라승아제 모지 사바하!!"(가자 가자 건너가자, 모두 건너가서 무한한 깨달음을 이루자)

제 3 부

《경전모음》 등의 음미

41. 파멸

초기 경전인 《숫타니파타》(*Suttanipata*)에서는 부처의 육성이 훨씬 가깝게 들려온다. 그가 생각하는 가치와 반가치들이 비교적 구체적으로 기록되어 있다. 그 내용은 우리의 삶의 현실을 충실하게 반영하고 있어 접근하기가 상대적으로 수월하다. 분량이 많다는 점이 부담 없는 접근을 좀 방해하지만, 실제 상황을 견주어 보기에는 아주 큰 도움이 된다. 굳이 해설이 필요 없을 정도로 바로 이해 가능하므로 이하 큰 주제별로 그 일부를 소개한다. 부록 삼아 참고하기 바란다. 먼저 '파멸'에 관한 내용이다. 우리 주변에 실제로 이런 사람들이, 파멸에 이르는 사람들이 너무 많다.

(91) […] 용모가 아름다운 한 신이 […] 호소했다. "저희는 파멸하는 사람에 대해서 고타마께 여쭈어보겠습니다. 파멸에 이르는 문은 어떤 것입니까? […]"

(92) 스승은 대답했다. "번영하는 사람도 알아보기 쉽고, 파멸도 알아보기 쉽다. 진리를 사랑하는 사람은 번영하고, 진리를 싫어하는 사람은 파멸한다."

(93) "잘 알겠습니다. 옳은 말씀입니다. 이것이 첫째 파멸입니다. 스승님, 둘째 것을 말씀해주십시오. 파멸의 문은 무엇입니까?" (이하 후렴 같은 이 부분 줄임)

(94) 나쁜 사람을 사랑하고 착한 사람을 사랑하지 않으며, 나쁜 사람이 하는 일을 즐기면, 이것은 파멸의 문이다.

(96) 잠자는 버릇이 있고, 교제의 버릇이 있고, 분발해서 정진하지 않고 게으르며, 걸핏하면 화 잘 내는 것으로 이름난 사람이 있다. 이것은 파멸의 문이다.

(98) 자기는 풍족하게 살고 있으면서 늙어 쇠약한 부모는 돌보지 않는 사람이 있다. 이것은 파멸의 문이다.

(100) 바라문이나 사문, 혹은 다른 걸식하는 이를 거짓말로 속인다면, 이것은 파멸의 문이다.

(102) 엄청나게 많은 재물과 황금과 먹을 것이 있는 사람이

혼자서 맛있는 것을 먹는다면, 이것은 파멸의 문이다.

(104) 혈통을 뽐내고 재산과 가문을 자랑하면서 자기네 친척을 멸시하는 사람이 있다. 이것은 파멸의 문이다.

(106) 여자에게 미치고 술과 도박에 빠져 버는 족족 잃어버리는 사람이 있다. 이것은 파멸의 문이다.

(108) 자기 아내로 만족하지 않고, 매춘부와 놀아나고, 남의 아내와 어울린다. 이것은 파멸의 문이다.

(110) 한창때를 지난 남자(중년)가 틴발 열매처럼 불룩한 유방을 가진 젊은 여인을 유인하여 그녀를 질투하는 일로 밤잠을 이루지 못한다면, 이것은 파멸의 문이다.

(112) 술과 고기 맛에 빠져 재물을 헤프게 쓰는 여자나 남자에게 집안일의 실권을 맡긴다면, 이것은 파멸의 문이다.

(114) 크샤트리아(武士) 집안에 태어난 사람이 권세는 작은데 욕망만 커서, 이 세상에서 왕위를 얻고자 한다면, 이것은 파멸의 문이다.

(115) 세상에는 이러한 파멸이 있다는 것을 잘 살펴서, 성현들은 진리를 보고 행복한 세계에 이른다.

진리를 싫어함, 나쁜 사람을 사랑하고 착한 사람을 사랑하지 않음, 나쁜 사람이 하는 일을 즐김, 잠자는 버릇, 교제하는 [다른 사람들과 어울려 노는?] 버릇, 분발해서 정진하지 않고 게으름, 걸핏하면 화를 잘 냄, 자기는 풍족하게 살고 있으면서 늙어 쇠약한 부모는 돌보지 않음, 바라문이나 사문 혹은 다른 걸식하는 이를 거짓말로 속임, 엄청나게 많은 재물과 황금과 먹을 것이 있는 사람이 혼자서 맛있는 것을 먹음, 혈통을 뽐내고 재산과 가문을 자랑하면서 자기네 친척을 멸시함, 여자에게 미치고 술과 도박에 빠져 버는 족족 잃어버림, 자기 아내로 만족하지 않고 매춘부와 놀아나고 남의 아내와 어울림, 한창때를 지난 남자(중년)가 … 젊은 여인을 유인하여 그녀를 질투하는 일로 밤잠을 이루지 못함, 술과 고기 맛에 빠져 재물을 헤프게 쓰는 여자나 남자에게 집안일의 실권을 맡김, 크샤트리아(武士) 집안에 태어난 사람이 권세는 작은데 욕망만 커서 이 세상에서 왕위를 얻고자 함 …

의외로 이 세목들은 구체적이다. 이게 부처님의 말인가 싶을 정도다. 그런 만큼 우리 보통 사람들에게는 잘 와 닿는다. 파멸을 스스로 원하지 않는다면 이런 일들을 삼가고 경계해야 한다. 파멸의 길은 의외로 우리의 아주 가까이에 있다.

42. 천함

다음으로 '천함'에 관한 내용이다. 우리가 하지 말아야 할 일들이 '천함'이라는 표현으로 소상히 언급되어 있다. 이런 천박한 사람들이 우리 주변에 실제로 너무나 많이 있다. 참고해두자.

(116) […] "바라문이여, 도대체 당신은 천한 사람을 알고나 있소? 또 천한 사람을 만드는 조건이 무엇인가를 알고 있소?" […] 스승은 말씀하셨다.

"화를 잘 내고 원한을 품으며, 간사하고 악독해서 남의 미덕을 덮어버리고, 그릇된 소견으로 음모하는 사람, 그를 천한 사람으로 아시오."

(117) 한 번 태어나는 것이거나 두 번 태어나는 것이거나, 이 세상에 있는 생물을 해치고 동정심이 없는 사람, 그를 천한 사

람으로 아시오.

(118) 시골과 도시를 파괴하고 포위하여, 독재자로서 널리 알려진 사람, 그를 천한 사람으로 아시오.

(119) 마을에 있거나 숲에 있거나 남의 것을 주지도 않는데 훔치려는 생각으로 이를 취하는 사람, 그를 천한 사람으로 아시오.

(120) 사실은 빚이 있어 돌려달라고 독촉을 받으면, '당신에게 갚을 빚은 없다'고 발뺌을 하는 사람, 그를 천한 사람으로 아시오.

(121) 얼마 안 되는 물건을 탐내어 행인을 살해하고 그 물건을 약탈하는 사람, 그를 천한 사람으로 아시오.

(122) 증인으로 불려 나갔을 때 자신이나 남을 위해, 또는 재물을 위해 거짓으로 증언하는 사람, 그를 천한 사람으로 아시오.

(123) 때로는 폭력으로, 혹은 서로 사랑하여 친척이나 친구의 아내와 어울리는 사람, 그를 천한 사람으로 아시오.

(124) 자기는 재물이 풍족하면서도 늙고 쇠약한 부모를 섬기지 않는 사람, 그를 천한 사람으로 아시오.

(125) 부모, 형제, 자매, 혹은 의붓어머니를 때리거나 욕하는 사람, 그를 천한 사람으로 아시오.

(126) 상대가 이익 되는 일을 물었을 때, 불리하게 가르쳐주거나 숨긴 일을 말하는 사람, 그를 천한 사람으로 아시오.

(127) 나쁜 일을 하면서, 아무도 자기가 한 일을 모르기를 바라며 숨기는 사람, 그를 천한 사람으로 아시오.

(128) 남의 집에 갔을 때는 융숭한 대접을 받았으면서, 그쪽에서 손님으로 왔을 때는 예의로써 보답하지 않는 사람, 그를 천한 사람으로 아시오.

(129) 바라문이나 사문 또는 걸식(乞食)하는 사람에게 거짓말로 속이는 사람, 그를 천한 사람으로 아시오.

(130) 식사 때가 되었는데도 바라문이나 사문에게 욕하며 먹을 것을 주지 않는 사람, 그를 천한 사람으로 아시오.

(131) 이 세상에서 어리석음에 덮여 변변찮은 물건을 탐하고 사실이 아닌 일을 말하는 사람, 그를 천한 사람으로 아시오.

(132) 자기를 칭찬하고 남을 경멸하며, 스스로의 교만 때문에 비굴해진 사람, 그를 천한 사람으로 아시오.

(133) 남을 괴롭히고 욕심이 많으며, 나쁜 욕망이 있어 인색하고, 덕도 없으면서 존경을 받으려 하며, 부끄러움을 모르는 사람, 그를 천한 사람으로 아시오.

(134) 깨달은 사람을 비방하고 혹은 출가나 재가의 제자들을 헐뜯는 사람, 그를 천한 사람으로 아시오.

(135) 사실은 존경받지 못할 사람이 존경받을 사람이라 자부하고, 범천(梵天)을 포함한 세계의 도적인 그 사람이야말로 가장 천한 사람이오. 내가 당신에게 말한 이러한 사람들은 참으로 천한 사람인 것이오.

(136) 날 때부터 천한 사람이 되는 것은 아니오. 태어나면서 바라문이 되는 것도 아니오. 행위에 의해서 천한 사람도 되고 바라문도 되는 것이오.

화를 잘 내고 원한을 품으며, 간사하고 악독해서 남의 미덕을 덮어버리고, 그릇된 소견으로 음모하는 사람, 이 세상에 있는 생물을 해치고 동정심이 없는 사람, 시골과 도시를 파괴하고 포위하여, 독재자로서 널리 알려진 사람, 남의 것을 주지도 않는데 훔치려는 생각으로 이를 취하는 사람, (빚이 있으나) '없다'고 발뺌을 하는 사람, 물건을 탐내어 행인을 살해하고 그 물건을 약탈하는 사람, 거짓으로 증언하는 사람, 때로는 폭력으로, 혹은 서로 사랑하여 친척이나 친구의 아내와 어울리는 사람, 자기는 재물이 풍족하면서도 늙고 쇠약한 부모를 섬기지 않는 사람, 부모, 형제, 자매, 혹은 의붓어머니를 때리거나 욕하는 사람, 상대가 이익 되는 일을 물었을 때 불리하게 가르쳐주거나 숨긴 일을 말하는 사람, 나쁜 일을 하면서 아무도 자기가 한 일을 모르기를 바라며 숨기는 사람, 남의 집에 갔을 때는 융숭한 대접을 받았으면서, 그쪽에서 손님으로 왔을 때는 예의로써 보답하지 않는 사람, 바라문이나 사문 또는 걸식(乞食)하는 사람에게 거짓말로 속이는 사람, 식사 때가 되었는데도 바라문이나 사문에게 욕하며 먹을 것을 주지 않는 사람, 어리석음에 덮여 변변찮은 물건을 탐하고 사실이 아닌 일을 말하는 사람, 자기를 칭찬하고 남을 경멸하며 스스로의 교만 때문에 비굴해진 사람, 남을 괴롭히고 욕심이 많으며 나쁜 욕망이 있어 인색하고, 덕도 없으면서 존경을 받으려 하며, 부끄러움을 모르는 사람, 깨달은 사람을 비방하고 혹은 출가나 재가의 제자들을 헐뜯는 사람, 사실은 존경받지 못할 사람이 존경받을 사람이라 자부하는 사람 …

이런 사람들이 '천한 사람'이라고 부처는 단언한다. 본인이 그런 욕을 듣고서 그런 말을 한 당사자에게 그 말을 되돌려주는 것이다. 아주아주 구체적인 부처의 윤리학이다. 천함과 귀함은 부처의 말대로 타고나는 것이 아니며, 돈이나 지위나 명성으로 결정되지도 않는다. 진정한 귀천에 대한 이런 시선을 우리는 부처에게 배워야 한다. 더욱이 요즘은 고귀함과 천박함에 대한 관심도 별로 없다. 고귀함을 특별히 지향하지도 않고 천박함을 특별히 꺼리지도 않는다. 천박함을 오히려 당당히 내세우는 경우도 있다. 그것이 행세하기도 한다. 바로 그렇기에 우리는 더더욱 이런 부처의 말에 귀를 기울이지 않으면 안 된다. 너무나 당연한 말이지만 나는 부처를 대신해 분명히 말해둔다. 고귀한 것이 좋은 것이고 천박한 것은 나쁜 것이다. 천박한 사람이 되지 말자.

43. 성자

다음으로 '성자'에 관한 내용이다. 우리가 해야 할 일들이 소상히 언급되어 있다. 성자가 되는 것이 쉬운 일은 당연히 아니겠지만, 그가 마주하고 있는 문제의 벽들은 의외로 구체적이다. 번뇌, 집착, 탐욕, 욕심, 망상, 애착, 감관, 화, 욕, 성, 교만, 태만, 속박 … 등의 단어가 그것을 알려준다. 한편, 잘라버림, 심지 않음, 기르지 않음, 홀로 감, 평안, 살핌, 헤아려 앎, 멸함, 버림, 끼지 않음, 앎, 바라지 않음, 떠남, 욕심 없음, 구하지 않음, 다다름, 이김, 총명, 더럽히지 않음, 끊음, 해탈, 지혜, 지킴, 벗어남, 봄, 건넘, 태연, 가라앉힘, 절제, 자제, 보호 … 등의 단어가 성인의 조건이 어떤 것인지를 대략적으로 알려준다. 비난과 칭찬에 흔들리지 않음, 괴롭히지 않음, 괴로움을 받지 않음, 성의 접촉을 끊고 … 여자에게 마음을 앗기지 않음 … 등은 구체적인 실천 덕목이라고 이해할 수도 있겠다.

(207) 친한 데서 두려움이 생기고, 집안 살림살이에서 더러운 먼지가 낀다. 친함도 없고 살림살이도 없다면, 이것이 바로 성인의 깨달음이다.

(208) 이미 돋아난 번뇌의 싹을 잘라 버리고, 새로 심지 않고 지금 생긴 번뇌를 기르지 않는다면, 이 홀로 가는 사람을 성인이라 부른다. 저 위대한 선인(仙人)은 평안의 경지를 본 것이다.

(209) 번뇌가 일어나는 근본을 살피어 그 씨를 헤아려 알고, 그것에 집착하는 마음을 기르지 않는다면, 그는 참으로 생(生)을 멸해 구경(究竟)을 본 성인이고, 망상을 버려 미궁에 빠진 자의 무리 속에 끼지 않는다.

(210) 모든 집착이 일어나는 곳을 알아 아무것도 바라지 않고, 탐욕을 떠나 욕심이 없는 성인은 무엇을 하려고 구하지 않는다. 그는 이미 피안(彼岸)에 다다랐기 때문에.

(211) 모든 것을 이기고 온갖 것을 알며, 지극히 총명하고 여러 가지 사물에 더럽히지 않으며, 모든 것을 버리고 애착을 끊어 해탈한 사람, 어진 이들은 그를 성인으로 안다.

(212) 지혜로운 힘이 있고, 계율과 맹세를 잘 지키고, 마음이 잘 집중되어 있고, 선정(禪定)을 즐기며, 생각이 깊고, 집착에서 벗어나 거칠지 않고, 번뇌의 때가 묻지 않은 사람, 어진 이들은 그를 성인으로 안다.

(213) 홀로 걷고 게으르지 않은 성인, 비난과 칭찬에도 흔들리지 않고 소리에 놀라지 않는 사자처럼, 그물에 걸리지 않는 바람처럼, 진흙에 더럽히지 않는 연꽃처럼,[40] 남에게 이끌리지 않고 남을 이끄는 사람, 어진 이들은 그를 성인으로 안다.

(214) 남들이 입에 침이 마르도록 칭찬하거나 욕을 하더라도 수영장에 서 있는 기둥처럼 태연하고, 애욕을 떠나 모든 감관(感官)을 잘 가라앉힌 사람, 어진 이들은 그를 성인으로 안다.

(215) 베 짜는 북처럼 똑바로 스스로 편안히 서서 모든 악한 행위를 싫어하고, 바른 것과 바르지 않은 것을 잘 알고 있는 사람, 어진 이들은 그를 성인으로 안다.

(216) 자제하여 악을 행하지 않고, 젊을 때나 중년이 되어서

---

40) 참고: (71) 소리에 놀라지 않는 사자같이, 그물에 걸리지 않는 바람같이, 물에 더럽히지 않는 연꽃같이, 물소의 뿔처럼 혼자서 걸어가라.

나 성인은 자신을 억제한다. 그는 남을 괴롭히지 않고, 남한테서 괴로움을 받지도 않는다. 어진 이들은 그를 성인으로 안다.

(217) 남이 주는 것으로 생활하고 새 음식이거나 먹던 음식이거나 또는 남은 찌꺼기를 받더라도, 먹을 것을 준 사람을 칭찬하지도 않고 화를 내어 욕을 하지도 않는다면, 어진 이들은 그를 성인으로 안다.

(218) 성의 접촉을 끊고, 어떠한 젊은 여자에게도 마음을 앗기지 않으며, 교만하지도 태만하지도 않은, 그래서 속박에서 벗어난 사람, 어진 이들은 그를 성인으로 안다.

(219) 세상을 잘 알고, 최고의 진리를 보고, 거센 흐름과 바다를 건넌 사람, 속박을 끊고 의존하지 않으며, 번뇌의 때가 묻지 않은 사람, 어진 이들은 그를 성인으로 안다.

(220) 출가한 이와 집에 있는 이는 주소와 생활양식이 같지 않다. 집에 있는 이는 처자를 부양하지만, 계를 잘 지키는 이(출가자)는 무엇을 보아도 내 것이라는 집착이 없다. 집에 있는 이는 남의 목숨을 해치고 절제하기 어렵지만, 성인은 자제하고 항상 남의 목숨을 보호한다.

(221) 마치, 하늘을 나는 목이 푸른 공작새가 아무리 애를 써도 백조를 따를 수 없는 것처럼, 집에 있는 이는 세속을 떠나 숲속에서 명상하는 성인이나 수행자에게 미치지 못한다.

성자의 길은 걷기가 쉽지 않고, 그 길을 걷고자 마음먹기도 쉽지 않다. 오늘날은 그 길조차도 걷는 이가 아예 없어 황폐해 있다. 그것을 입에 담는 일조차 이른바 '포스트모던' 운운하며 '거대담론'으로 치부돼 백안시의 대상이 된다. 인간의 현실이 달라진 것은 아무것도 없건만…. 화려한 깃과 꼬리를 자랑하는 공작새는 많고, 그 자태에서 진정으로 우아함이 배어나는 백조는, 특히 비상하는 백조는 볼 수가 없다. 아니 그를 위한 호수 자체도 이미 쓰레기로 매립되어 자취를 감춘 듯하다. 사라진 백조를 다시 부르는 피리는 지금 어느 박물관에서 낡아가고 있을까….

44. 욕망

다음으로 '욕망'에 관한 내용이다. 비록 분량은 적지만 이건 부처의 욕망론이다. 논리는 명쾌하다. 욕망이 괴로움의 원인이며 따라서 조심해야 할 것임을 명확히 알려준다. 그리고 그 욕망을 버리고 괴로움을 벗어나라는 방향 내지 지향점도 제시한다.

(766) 욕망을 이루고자 하는 사람이 잘될 때에는, 그는 참으로 인간이 갖고자 하는 것을 얻어서 기뻐한다.

(767) 욕망을 이루고자 탐욕이 생긴 사람이, 만일 욕망을 이루지 못하게 되면, 그는 화살에 맞은 사람처럼 괴로워 번민한다.

(768) 뱀의 머리를 밟지 않으려고 조심하는 것처럼, 모든 욕

망을 피하는 사람은 바른 생각을 하고, 이 세상의 애착을 넘어선다.

(769) 농토, 집터, 황금, 마소(牛馬), 노비, 고용인, 부녀, 친척, 그 밖의 여러 가지를 탐내는 사람이 있다면,

(770) 무력한 것(온갖 번뇌)이 그를 이기고 위험과 재난이 그를 짓밟는다. 그러므로 괴로움이 그를 따른다. 마치 파손된 배에 물이 새어들 듯이.

(771) 그래서 사람은 항상 바른 생각을 지키고, 모든 욕망을 회피해야 한다. 배에 스며든 물을 퍼내듯이, 그와 같은 욕망을 버리고 강을 건너 피안에 도달한 사람이 되라.

'욕망'은 사실 철학의 주제 중의 주제다. 자크 라캉의 욕망론이 대표적이다. 인간과 인생을 이해하기 위해서는 이것을 들여다보는 것이 필수불가결이다. 그런데 이 욕망에는 그 내용이랄까 대상이 있다. (마키아벨리는 권력에 대한 욕망을, 마르크스는 재물에 대한 욕망을, 프로이트는 성에 대한 욕망을 여실히 보여줬다.) 부처는 그걸 다 아울러 '인간이 갖고자 하는 것'이라고 표현한다. 구체적인 내용들까지 지적한다. '농토, 집터, 황금, 마소(牛馬), 노비, 고용인, 부녀, 친척, 그

밖의 여러 가지'다. 나는 이것을 좀 더 세분해, '갖고자 하는 것'과 '하고자 하는 것'과 '되고자 하는 것'으로 정리한 적이 있다. 더 간단히 말하자면 '… 싶은 것'이다. '… 싶음'이 욕망이다. 갖고 싶음, 되고 싶음, 하고 싶음, 이 세 마디 안에 인간의 정체가 숨어 있고, 인생의 실질이 거의 대부분 다 들어가 있다. 이것을 이루고 이루지 못함이 기쁨과 괴로움, 즉 흔히 말하는 행복과 불행의 원천임을 부처는 날카롭게 통찰하고 있다. 그래서 그는 '모든 욕망을 피하는 사람'이 되라고, 세상의 애착을 넘어서라고, 그런 게 '바른 생각'이라고 권한다. 위 인용의 마지막 말은 익숙한 그의 결론이기도 하다. '그와 같은 욕망을 버리고 강을 건너 피안에 도달한 사람이 되라'는 것이다. 그런 사람이 바로 '부처'에 다름 아니다. 그리고 강을 건넌 그 '피안'이 바로 '열반'에 다름 아니다. 여기 나오는 이 '건너'라는 말이 실은 불교의 핵심임을 우리는 분명히 알아야 한다. 이게 바로 《반야심경》에서 말한 '도 일체고액'의 그 '도'(度: 건넘)에 다름 아닌 것이다. 욕망은 불교를 이해하기 위한 하나의 결정적인 키워드다. 이게 '고'의 원천이기 때문이다.

나는 예전에 "마음밭에 욕망이 싹을 틔우면 그 즉시로 고뇌의 그림자도 함께 자란다"고 말한 적이 있다. 불교를 의식하고 한 말은 아니었지만 결국은 같은 말이다. 살아보면 누구나 안다. 결국은 욕망이 모든 문제를 일으킨다. 따라서 이

화근이 제거되면 문제도 해결된다. 이 화근을 그대로 두고서는 문제의 해결도 난망이다. 부처의 말은 단순하지만 참으로 깊은 진리가 아닐 수 없다.

45. 행복

다음으로 '행복'에 관한 내용이다. 우리 보통의 인간들에게 진정한 행복이 어떤 것인지를 부처는 소상히 밝혀준다. 부처의 행복론 혹은 불교적 행복론인 셈이다. 단 이것은 출가수행자의 행복이 아니라 '많은 신과 사람들'의 행복, 그러니까 속세적 행복에 관한 것임을 주의할 필요는 있다.

(258) 내가 들은 바에 의하면, 어느 날 거룩한 스승은 사왓티[사위성]의 제타 숲, 고독한 사람들에게 먹을 것을 나눠주는 장자의 동산에 계시었다. 그때 용모가 단정한 한 신이 밤중이 지나 제타 숲을 두루 비추면서 스승께로 왔다. 그리고 예배한 후 한쪽에 서서 시로써 여쭈었다.

"많은 신과 사람들은 행복을 바라면서 행운을 생각하고 있습니다. 으뜸가는 행복을 말씀해주십시오."

(260) 자기에게 알맞은 곳에 살고, 일찍이 공덕을 쌓았고, 스스로는 바른 서원을 하고 있는 것, 이것이 위없는 행복이다.

(261) 박학과 기술과 훈련을 쌓고, 그 위에 언변이 능숙한 것, 이것이 위없는 행복이다.

(262) 부모를 섬기는 것, 처자를 사랑하고 보호하는 것, 일에 질서가 있어 혼란하지 않는 것, 이것이 위없는 행복이다.

(263) 보시와 이치에 맞는 행위와 친척을 사랑하고 보호하는 것과, 비난을 받지 않는 행위, 이것이 위없는 행복이다.

(264) 악을 싫어해 멀리하고, 술을 절제하고, 덕행을 소홀히 하지 않는 것, 이것이 위없는 행복이다.

(265) 존경과 겸손과 만족과 감사와, 때로는 가르침을 듣는 것, 이것이 위없는 행복이다.

(266) 인내하는 것, 온순한 것, 수행자들을 만나는 것, 때로는 이치에 대한 논의를 하는 것, 이것이 위없는 행복이다.

(267) 수양과 깨끗한 행위와 거룩한 진리를 보는 것, 안정을

입증하는 것, 이것이 위없는 행복이다.

(268) 세상일에 부딪쳐도 마음이 흔들리지 않고, 걱정과 티가 없이 안온한 것, 이것이 위없는 행복이다.

(269) 이러한 일을 한다면 어떤 일이 닥쳐도 패하지 않는다. 어느 곳에서나 행복할 수 있다. 이것이 그들에게는 위없는 행복이다.

그의 이 말에서 우리는 속인들이 생각하는 이른바 부귀영화를 찾아볼 수 없다. 세속적인 욕망의 성취가 곧 진정한 행복은 아닌 것이다.

자기에게 알맞은 곳에 살고, 일찍이 공덕을 쌓았고, 스스로는 바른 서원을 하고 있는 것, 박학과 기술과 훈련을 쌓고, 그 위에 언변이 능숙한 것, 부모를 섬기는 것, 처자를 사랑하고 보호하는 것, 일에 질서가 있어 혼란하지 않는 것, 보시와 이치에 맞는 행위와 친척을 사랑하고 보호하는 것과, 비난을 받지 않는 행위, 악을 싫어해 멀리하고, 술을 절제하고, 덕행을 소홀히 하지 않는 것, 존경과 겸손과 만족과 감사와, 때로는 가르침을 듣는 것, 인내하는 것, 온순한 것, 수행자들을 만나는 것, 때로는 이치에 대한 논의를 하는 것, 수양과 깨끗한 행위와 거룩한 진리를 보는 것, 안정을 입증하는 것, 세상일에 부딪쳐도 마음이 흔들리지 않고, 걱정과 티가 없이 안온한 것, 이런 것들이 '위없는 행복'(=최고의 행복)이라고 부처는 말한다.

불교에 익숙한 사람들에게는 좀 뜻밖일 수도 있다. 박학, 기술, 훈련, 언변, 이런 단어들은 특히 그렇다. 그러나 차마 출가를 못하고 세속에 머물러 있는 선량한 사람들에게는 부처의 입에서 나온 이런 단어들의 존재가 약간의 위로가 될 수도 있을 것이다. 부모, 처자, 친척, 그리고 섬김, 사랑, 보호 같은 단어도 마찬가지다. 공덕, 서원, 보시, 덕행, 수양, 깨끗한 행위, 거룩한 진리 같은 단어 내지 가치는 세속을 살짝 넘는 느낌을 주기도 한다. 나는 개인적으로 부처의 이 행복론에 내가 선호하는 단어들, 사랑, 섬김, 보호, 절제, 존경, 겸손, 만족, 감사, 가르침, 인내, 온순, 안정, 안온 같은 것이 등장한다는 게 특별히 반갑다. 맨 마지막 '세상일에 부딪쳐도 마음이 흔들리지 않고, 걱정과 티가 없이 안온한 것'을 행복으로 치는 건 특별히 더 반갑다. '마음이 흔들리지 않는다', '걱정과 티가 없이 안온하다', 이건 보통 사람들에게는 보통 경지가 아니기 때문이다. '거의 해탈'에 가깝기 때문이다. 철학자의 입장에서 보면 '걱정 없이 티가 없이…'라는 건 사실상 '파라다이스'다. 저 독일 포츠담의 궁전 '상수시'(Palais de Sanssouci)도 '걱정 없이'라는 그런 의미다. 프리드리히 대제 같은 제왕들도 그걸 갈망했음을 이 궁전의 이름을 통해 짐작할 수 있다.

득도, 해탈이 숭고한 불교적 목표이자 경지라는 건 어렴풋이 이해한다. 그러나 거기에 다다르는 건 쉬운 일이 아니다. '그게 어렵다면 이 정도라도…', 그런 지점에 이 행복론이 있는 것이다. 나는 중생들이 우선 이런 단어들이라도 자기 것으로 성취해 작은 인간적 행복에 이르기를 기원한다.

46. 연기

적지 않은 사람들이 (신앙과 무관하게) 불교라는 종교에 대해 매력을 느끼고 있는 게 사실이다. 철학자들은 특히 그렇다. 나도 어쨌든 그중의 하나다. 나는 그 강점 중의 하나가 이론과 실천의 균형에 있지 않을까 생각한다. 불교는 특히 그 탄탄한 이론의 체계를 자랑한다. 특별히 머리 좋기로 소문난 인도인의 것이기 때문일까? 그게, 그 이론적 설명이 실천에 대해서도 설득력과 호소력을 갖게 된다. 나는 대학 시절 그 이론들을 배우면서 완전히 압도되었고 탄복해 마지않았다. 그중 대표적인 하나가 '연기설'(緣起說, pratītyasamutpāda)이다. '의존하여 생겨남', '조건지어진 생성'이란 뜻이다. 간단히 말해 '이것이 있기 때문에 저것이 있고, 이것이 일어나기 때문에 저것이 일어난다'는 것이다. 부처가 직접 한 말이다. 일단 들어보자.

有異比丘來詣佛所 稽首禮足 退坐一面 白佛言.

世尊 謂緣起法為世尊作 為餘人作耶.

佛告比丘 緣起法者 非我所作 亦非餘人作 然彼如來出世及未出世 法界常住.

彼如來自覺此法 成等正覺 為諸衆生分別演說 開發顯示.

所謂此有故彼有 此起故彼起 謂緣無明行 乃至純大苦聚集 無明滅故行滅 乃至純大苦聚滅.

이때 어떤 비구가 부처님 있는 곳에 나아가 머리를 조아려 그 발에 예배하고 한쪽에 물러나 앉아서 부처님께 물었다.

"세존이시여, 이른바 연기법(緣起法)은 당신께서 만든 것입니까? 아니면 다른 깨달은 이가 만든 것입니까?"

부처님은 그 비구에게 답하였다.

"연기법은 내가 만든 것도 아니요, 또한 다른 깨달은 이가 만든 것도 아니다. 그러므로 연기법은 저들 여래들이 세상에 출현하거나 세상에 출현하지 않거나 항상 법계(法界)에 존재한다[常住]. 저들 여래들은 이 [우주적인] 법칙[法]을 스스로 깨달아 완전한 깨달음을 이룬다. 그런 뒤에, 모든 중생들을 위해 [이 우주 법칙을 중생들도 이해하고 사용할 수 있는 여러 형태로] 분별해 연설하고 [중생들에게] 드러내어 보인다. 말하자면, [나의 경우에는 12연기설의 형태로 이 우주 법칙을 분별해 연설하고 드러내어 보이는데, 나는] '이것이 있기 때문에 저것이 있고,

이것이 일어나기 때문에 저것이 일어난다'고 말하고, '무명을 인연하여 행이 있고 … (내지) … 완전 괴로움뿐인 큰 무더기[純大苦聚, 즉 5취온]가 발생하며, 무명이 소멸하기 때문에 행이 소멸하고 … (내지) … 완전 괴로움뿐인 큰 무더기[純大苦聚, 즉 5취온]가 소멸한다'고 말한다." 《잡아함경》 제12권 299경 〈연기법경〉(緣起法經)

사전적인 설명이 그 이해에 조금 도움이 될지 모르겠다. 아울러 소개한다.

"연기(緣起)는 인연생기(因緣生起), 즉 인(因: 직접적 원인)과 연(緣: 간접적 원인)에 의지하여 생겨남 또는 인연(因緣: 통칭하여, 원인) 따라 생겨남의 준말로, '연(緣: 인과 연의 통칭으로서의 원인)해서 생겨나 있다' 혹은 '타와의 관계에서 생겨나 있다'는 현상계(現象界)의 존재 형태와 그 법칙을 말하는 것으로서, 이 세상에 있어서의 존재는 반드시 그것이 생겨날 원인[因]과 조건[緣]하에서 연기의 법칙에 따라서 생겨난다는 것을 말한다."41)

학자들은 이것을 유전연기(流轉緣起)와 환멸연기(還滅緣起) 두 가지로 나누기도 하는데, 아주 쉽게 말해 전자는 '고'

41) 위키피디아.

가 생성되는 과정을 설명하는 것이고 후자는 역으로 '고'가 소멸되는 과정을 설명하는 것이다. 부처는 그 과정에 있는 12가지 '연'(緣)을 지적하는데, 그게 '무명, 행, 식, 명색, 육입, 촉, 수, 애, 취, 유, 생, 노사'다. 이 12가지의 인과적 연쇄, 즉 무명연행(無明緣行), 행연식(行緣識), 식연명색(識緣名色), 명색연육입(名色緣六入), 육입연촉(六入緣觸), 촉연수(觸緣受), 수연애(受緣愛), 애연취(愛緣取), 취연유(取緣有), 유연생(有緣生), 생연노사(生緣老死)[어리석음이 행을 일으키고, 행이 식을 일으키고, 식이 명색을 일으키고, 명색이 육입을 일으키고, 육입이 닿음을 일으키고, 닿음이 수를 일으키고, 수가 사랑을 일으키고, 사랑이 취를 일으키고, 취가 존재를 일으키고, 존재가 삶을 일으키고, 삶이 늙고 죽음을 일으킨다]라는 일련의 인과관계적 과정이 바로 '연기'인 것이다.

이 과정을 일일이 설명하자면 복잡하고 길어지기 때문에, 그리고 그 어려움이 자칫 불교에 대한 경이원지를 유발할 위험도 있기 때문에, 그건 일단 불교 전문가들에게 맡기기로 한다. 간단히 전후만 잘라서 말하자면 무명이 즉 어리석음이 11개의 과정을 거쳐 결과적으로 '생로(병)사'를 즉 '고'를 일으킨다는 것이다. 그러니 최초의 원인인 이 무명을 제거하면 역시 11개의 과정을 거쳐 결과적으로 '생로(병)사'를 즉 '고'를 제거할 수 있다는 것이다. A면 B고, B면 C고 … K면 L이다. 고로 非A면 非B고, 非B면 非C고 … 非K면 非L이다.

그런 말이다. 참으로 논리적이다. 역시 인도인! 역시 부처님! 탄복을 하지 않을 수가 없다. 이 마지막 12번째 非L이 바로 《반야심경》에서 말한 노사진(老死盡), 즉 늙고 죽는 고통이 사라지는 것이다. 이게 결국은 궁극의 목표인 '건너감'(度)이고 '열반'(nirvana)이었다. 부처의 사유와 언어는 참으로 수미일관되어 있다. 아니, 그의 행도 삶도 그렇게 수미일관되어 있다. 그가 괜히 어쩌다가 우연히 성자의 반열에 오른 게 아닌 것이다. 기억해두자. 이것이 있으므로 저것이 있고, 이것이 없으면 저것도 없다. 이것을 부처는 '연기'라고 불렀다. 주목할 진리가 아닐 수 없다.

47. 3법인 — 제행무상

sabbe saṅkhārā aniccā[42)]

모든 형성된 것들은 무상하다.

꼭 철학도나 불교도가 아니더라도 '제행무상'(諸行無常)이라는 말은 누구나 들어본 적이 있을 것이다. 그리고 누구나 이 말의 취지를 공감할 것이다. 특히 '인생무상'이라고 말할 때 그렇다. 특히 나이가 들수록 그렇다. 나도 내 안에 있는 과거의 어릴 적 기억과 거울에 비친 현재의 늙은 모습을 동시에 보며 이 말에 격하게 공감한다. 어림 → 젊음 → 늙음, 순식간의 변화였다. 이미 죽어서 재로 변한 어릴 적 친구들

---

42) "Rūpam aniccam pa viññāṇam aniccaṃ Rūpam anattā vedanā saññā saṅkhārā viññāṇam anattā sabbe saṅkhārā aniccā sabbe dhammā anattā ti." 《상윳따 니까야》(*Saṃyutta Nikāya*) III의 〈Channa-sutta〉, pp.132ff.

도 있다. 무상하고 무상하며 또 무상하고 무상하다….

물론 '제행'은 꼭 인생만을 지칭하지는 않는다. 그보다 범위가 훨씬 더 넓다. '모든 형성된 것'(sabbe saṅkhārā)이다. 그러니 소위 '화무십일홍'의 그 꽃도 이 말의 의미에 포함된다. "십 년이면 강산도 변한다"고 할 때 그 강산도 포함된다. "모든 것은 흐른다"(panta rhei)는 저 헤라클레이토스의 말도 같은 뜻이다. 영원불변한 것은 없다는 말이다. 살아보면 자연히 알게 된다. 참으로 진리다.

나는 대학 시절 불교 철학 시간에 이른바 '3법인'(三法印)의 하나로 이것을 배웠다. '제법무아', '열반적정'과 더불어 '진리의 세 도장' 중 하나였다. '일체개고'를 포함시켜 4법인이라고도 했다. 단순히 귀에 들리는 지식이 아니라 가슴에 울리는 진리였다. (이 세 가지를 '진리의 도장'이라고 표현한 것은 학문적으로 대단히 흥미로운데 누가 이렇게 정리한 것인지는 아쉽게도 들은 바가 없다.)

'제행무상', 부처는 이 말의 완전한 의미를 얻기 위해서 자신의 목숨도 아끼지 않았다는 설화가 있다. 《대반열반경》에 나오는 설산동자 반게살신(雪山童子 半偈殺身) 이야기다. 소개한다.

설산동자는 부처 고타마 싯다르타의 전생이라는 설정이다.

그는 설산(히말라야)에서 명상에 잠겨 있었는데 어느 날 공중에서 이런 시구가 들려왔다.

"모든 것은 무상하나니, 이것이 곧 생멸의 진리이다."(諸行無常 是生滅法)

설산동자는 이 말이 자신이 찾던 깨달음이라며 크게 기뻐했다. 사방을 둘러보았으나, 사람은 없고 한 나찰이 험악한 얼굴로 서 있었다. 설산동자는 "방금 '제행무상 시생멸법'이라는 시구를 그대가 읊었는가?"라고 물었다. "그렇다"고 나찰이 대답했다. 설산동자는 "그건 반쪽이고 뒷부분이 더 있을 것 같은데 나머지 부분도 들려달라"고 부탁했다. 나찰은 "들려주고 싶지만 지금 나는 너무 배가 고파서 더 이상 말을 할 수가 없다. 만일 그대의 뜨거운 피를 준다면 나머지 시구를 들려줄 수 있다."라고 했다. 설산동자는 기꺼이 자신의 몸을 내줄 테니 나머지 시구를 들려달라고 다시금 부탁했다. 이에 나찰이 뒷부분을 마저 읊었다.

"생멸이 끝나면 곧 고요한 열반이 낙이 된다."(生滅滅已 寂滅爲樂)

설산동자는 크게 기뻐했고, 약속대로 높은 나뭇가지 위에 올라가 몸을 던졌다. 그런데 나찰은 설산동자의 몸이 땅에 떨어지기 전에 인드라(제석천)로 변해서 설산동자의 몸을 받아 안았다. 이때 여러 천신들이 모여 설산동자의 발에 절을 하면서 깨달음에 대한 구도의 정신과 서원을 찬탄하였다.

인도 특유의 과장법이 다분히 느껴지는 설화이지만, 싯다르타의 출가-수도-득도 과정을 보면 그럴 수도 있겠다 싶은 생각이 들기도 한다. 그만한 진리임에는 틀림없다. 비슷한 취지의 명언이 하나 더 있다. 아울러 소개한다.

一切有爲法 如夢幻泡影 如露亦如電 應作如是觀

일체의 있다고 하는 것은 꿈과 같고 환상과 같고 물거품과 같으며 그림자와 같으며 이슬과 같고 또한 번개와 같으니 응당 이와 같이 보아야 한다.

《금강경》 제32 응화비진분(應化非眞分) 사구게(四句偈)

진실이 이러하니 그 무상한 꿈과 환상과 물거품과 그림자와 이슬과 번개에 가치를 두고 집착해 번뇌하고 괴로워하는 건 얼마나 어리석은 일인가. 다 헛된 한순간이다. 제행무상이다. 무릇 공부하는 자가 가슴 깊이 기억해두어야 할 천금 같은 한마디가 아닐 수 없다. '사베 상카라 아니따'(제행무상). 인간들이 가치를 두고 혹하는 것 중 영원불변한 것은 아무것도 없다. 진리만 빼고.

48. 3법인 — 제법무아

sabbe dhammā anattā ti[43)]
모든 존재들은 무아이다.

이른바 3법인의 하나인 '제법무아'(諸法無我)를 부처는 《상윳따 니까야》에서 이렇게 말하고 있다. 그리고 이렇게 덧붙인다.

Rūpam bhikkhave aniccaṃ. yad aniccam taṃ dukkhaṃ yaṃ dukkhaṃ tad anatta. yad anatta taṃ netam mama neso ham asmi na meso attā ti. Evam etaṃ yathābhūtaṃ sammappaññāya daṭṭhabbaṃ.[44)]

43) "Rūpam aniccam pa viññāṇam aniccaṃ Rūpam anattā vedanā saññā saṅkhārā viññāṇam anattā sabbe saṅkhārā aniccā sabbe dhammā anattā ti." 《상윳따 니까야》 III, pp.132ff.

비구들이여, 물질은 무상하다. 무상한 것은 고이며, 고인 것은 무아다. 무아인 것은 '이것은 내 것이 아니고, 이것은 내가 아니고, 이것은 나의 자아가 아니다.'라고 있는 그대로 바른 지혜로 보아야 한다.

또 다른 곳에서는 이렇게 설명하기도 한다.

비구들이여, 이 '색'(色: 형태 있는 것, 즉 육체)은 나(我: 자기)가 아니다(anattaṃ rūpaṃ). 만약 색이 자기라면 이 색이 병에 걸리는 일은 없으리라. 또 색에 대해서 '나의 색은 이러하라(이를테면 건강하여라). 그렇게 되는 일 없어라(늙지 말라, 죽지 말라).' 하고 말할 수 있을 것이다. 그러나 색은 나가 아니기 때문에 병에 걸리고 이렇게 저렇게(자유로이) 할 수가 없다. … 수는 나가 아니다(anattaṃ vedanaṃ). 이 '수'(受: 괴로움과 즐거움의 감각)가 자기란 말인가…. 이 '상'(想: 이미지를 생각에 떠올리는 작용, 표상화)이 자기란 말인가…. 이 '행'(行: 의지의 작용)이 자기란 말인가…. 이 '식'(識: 인식, 판단의 작용)이 자기란 말인가….

이른바 오온(=색수상행식)이 '자아'(=자기)가 아니라는 말

44) 《상윳따 니까야》 III, p.22.

이다. 《잡아함경》에서도 비슷한 말을 한다.

부처님이 바라나시의 녹야원에 있을 때의 일이다. 어느 날 부처님은 다섯 비구에게 설법하다가 이런 질문을 했다. "비구들이여, 내가 물을 테니 아는 대로 대답해보라. 육체(色)란 영원히 변하지 않는 것인가, 시시각각 변해서 무상한 것인가?" "무상한 것입니다." "무상한 것이라면 즐거운 것인가 괴로운 것인가?" "괴로운 것입니다." "육체가 무상하고 괴로운 것이라면 '그것은 나의 것(我所)이며, 나(我)이며, 나의 본체(我體)이다'라고 생각하는 것이 옳은가 그른가?" "옳지 않습니다. 그것은 나가 아닙니다(無我)." "그러면 정신의 세계인 감수 작용(受)과 개념 작용(想), 그리고 의지(行)와 인식(識)은 어떠한가?" "그것 역시 영원한 것이 아니며, 즐거운 것이 아니며, 나의 것도 나의 본체도 아닙니다." "참으로 그러하다. 그렇게 관찰하는 것이 옳다." 《잡아함경》 제1권 34경 〈오비구경〉(五比丘經)

《모든 번뇌 경》(M2)에서도 그는 "나의 자아가 없다"(Natthi me atta)고 말하며, 《아난다경》(S44:10)에서도 "자아가 없다"(natthi atta)고 말한다. 그리고 "나의 자아가 있다"(Atthi me attā)라는 것은 견해의 황무지, 견해의 뒤틀림, 견해의 족쇄라고 말한다.

제법무아라고? 모든 존재에 '나'라는 게 없다고? 색수상행식이 '나'가 아니라고? 이 말은 제행무상처럼 곧바로 와 닿지는 않는다. 그런데도 이것을 '변함없는 진리'(法印)라고 하니 그 의미를 따져보지 않으면 안 된다.

그 의미를 제대로 인식하기 위해서는 부처가 왜 이런 상식과 다른 이야기를 하는지, 왜 이것을 이렇게 강조하는지, 그 이유랄까 배경이랄까 그걸 먼저 이해하지 않으면 안 된다. 이유는 간단하다. 불교의 모든 것은 '고'에서 출발한다. 그런데 바로 이 '아'(我, atta: 나)라는 것이 고의 원인이 되기 때문이다. 이것에 대한 집착이 고를 야기하기 때문이다. 그래서 바로 그 집착이 헛됨을 부처는 알려주려는 것이다.

아닌 게 아니라 그렇다. 우리 보통의 인간들은 이 '나'라는 것에 모질게도 집착한다. 모든 생각과 모든 행동이 '나'를 중심으로 돌아간다. 이 나의 육신(얼굴과 몸매 그리고 건강)에 집착해 온갖 정성을 쏟으며 항상 만족하지 못하고 이런저런 괴로움에 시달린다. ('나'라고 생각하니까 그렇게 매달리는 것이다. 남의 얼굴과 몸매에 대해서는 그렇게 집착하지 않는다. 그건 대개 아무래도 좋다고 여긴다.) 또 나의 감각(색성향미촉)에도 집착해 온갖 정성을 쏟으며 만족하지 못하고 이런저런 괴로움에 시달린다. (역시 '나'라고 생각하니까 그렇게 매달리는 것이다. 남의 느낌에 대해서는 그렇게 집착하지 않는다. 그런 건 역시 아무래도 좋다.) 생각에 대해서도 마찬가지다. 실은 그 '나의 생각'이라는 것의 정체도 불명이건만, 사람들은 모질게도 '나의 생각'에 집착해 그 생각에 거슬리면 참지 못하고 화를 내거나 다투거나 심지어 그 생각[사상] 때문에 때로 살인도 저지르고 심지어 전쟁도 벌인다. 종교 간의 대립-다툼도 마찬가지다. 행동도 식별도 또한 마찬가지다. 어떤 행동과 판단에 대해 누가 잘못이라고 지적하거나 나무라면 최소한 기분 나빠 하거나 화를 내거나 싸움이 일어나기도 한다. 그런 게 다 '고'로 이어진다. 그 모든 게 다 '나'라고 하는 것에 집착하기 때문이다. '자기'를, '나'를 무시했다고, 건드렸다고 사건을 일으키는 것도 다 그런 경우다. '나'의 확장인 '우리'라는 패거리에 대한 집착도 마찬가지다.

바로 그래서다. 그래서 부처는 이런 말을 한 것이다. 그 '나'라는 것이 실은 그 실체가 없는 거라고. 다 임시적-일시적인 합성체-형성체에 불과한 거라고. 그러니 그 실상을 알고 그 헛된 자아에 집착하지 말라고. 집착해서 고를 초래하지 말라고. 그게 이 삼법인의 하나인 '제법무아'를 말한 참뜻인 것이다.

손톱과 머리카락과 이빨을 생각해보면 알 일이다. 그토록 아끼고 집착하던 그것들도 이윽고 빠지고 잘리고 부러져 쓰레기통 속으로 들어간다. 그러면 더 이상 거들떠보지도 않는다. 나의 일부였지만 이미 나가 아니고 본래 나가 아니었다. 나의 피부도 마찬가지다. 본래는 그것이 계란이나 돼지족발이나 오이나 배추였을 수도 있다. 그것이 '잠시', '한동안' 소위 '나'라는 것의 일부를 이룬 것에 불과한 것이다. 늙고 병들어 죽으면 그 모든 것이 다 썩어 흙이나 재로 돌아가며 그토록 애착하던 '나'라는 것도 흔적조차 없이 사라진다. 마치 저 거품 같고 구름 같다. 고정불변의 '나'라는 건 없다. 그러니 그 헛된 '나'에 집착해 고뇌를 초래하지 말아야 한다. 저 유유자적한 구름을 보라. '아'가 없으니 얽매임도 없다. 그냥 잠시 피었다가 사라질 뿐이다. '제법무아'다. 역시 진리가 아닐 수 없다.

49. 3법인 — 열반적정

적지 않은 사람들이 '불교를 믿으면 죽어서 극락세계로 간다'고 생각한다. 마치 예수를 믿으면 천국(천당)에 간다는 그런 식이다. 그런데 정작 부처 본인이 이런 말을 했다는 소리는 여태껏 어디서도 들어본 적이 없다. 믿는다는 게 어떤 건지 극락세계라는 게 어떤 건지 애당초 애매하기가 짝이 없다. (나쁜 뜻은 아니지만) 다 허튼수작이다. 아마도 방편일 것이다.

공부를 조금이라도 한 사람은 불교의 궁극적 지표가 이른바 '열반'(nirvana)이라는 것을 알고 있다. 다다른 이 경지를 '열반적정'(涅槃寂靜)이라고 말한다. 3법인의 하나다. 이른바 깨달음, 득도, 해탈 이후의 어떤 상태를 가리킨다. 해탈과 열반은 선후일 수도 있고 그 앞뒤 양면일 수도 있다. 흔히 스님들이 별세한 것을 '입적했다', '열반에 들었다'고 말하는데, 원래 그런 뜻은 아니다. 별세가 곧 열반은 아니며, 열반이 곧

별세도 아닌 것이다. 열반이라는 말 자체는 '모든 욕망의 불길이 꺼진 상태'를 가리킨다고 알려져 있다. 말하자면 고통의 바다를 건너간 저편이다. 피안의 경지다. 불교에서는 이것을 이른바 3법인(세 가지 변함없는 진리의 도장)의 하나로 제시한다.

사람들은 이게 어떤 상태인지를 궁금해한다. 예전에 미국 케임브리지의 하버드대학에 객원으로 머물고 있을 때, '철학의 시작: 동양과 서양'이라는 주제로 강연을 한 적이 있었는데, 그때 강연이 끝나고 질의응답 시간에 현지인 한 분이 그런 질문을 한 적이 있었다. "불교의 니르바나가 궁극의 경지라면 그것은 기독교의 천국과 어떻게 다릅니까?" 나는 내가 아는 철학적 지식들을 이것저것 동원해 나름 친절하게 답변해주었는데, 사실 그건 큰 의미가 없었다. 왜냐하면 나 자신이 아직 그 열반에 들어본 적이 없고 그 천국에 가본 적도 없기 때문이다. 가본 적이 없는 런던에 대해 칸트가 영국인보다 더 많은 것을 알고 있었다 한들 그건 런던을 제대로 아는 것이 아닌 것과 마찬가지다. 그러나 런던에 가보고 싶어 하는 사람들을 위해 그 예비 정보를 제공하는 것은 무익한 일이 아닐 것이다. 그런 차원에서 몇 가지 정보들을 소개한다. 불교라는 여행지의 마지막 일정, '데스티네이션'인 셈이다.

부처 본인은 《맛지마 니까야》(*Majjhima-Nikāya*)의 〈성문경〉(Ariyapariyesanā-sutta)과 《상윳따 니까야》(*Saṃyutta-*

Nikāya)의 〈발원경〉(Āyācana-sutta)에서 열반의 상태를 '모든 상카라[형성된 것]들의 가라앉음'(sabba-saṅkhāra-samatho), '최상의 공'(agga-suñña)이라고 묘사한다. "최상의 공이란 무엇인가? 이 구절(pada)은 … 모든 상카라들의 가라앉음(sabba-saṅkhāra-samatho)이고, 모든 집착의 버림(sabbū-padhipaṭi-nissago)이고, 갈애의 소멸(taṇhakkhaya)이고, 탐욕의 빛바램(virāga)이고, 소멸(nirodha)이고, 열반이다." 그리고 "모든 상카라들을 가라앉히고, 모든 생존에 대한 집착을 포기함, 갈애의 소진, 탐욕의 빛바램, 소멸, 열반, 이러한 것들을 본다는 것은 어려운 것이다."라고 말한다. 열반이 어떤 것인지 그 대략적인 성격을 엿볼 수 있는 대목이다. 여기서 소멸은 '탐욕(lobha), 성냄(dosa), 어리석음(moha)[이른바 탐-진-치 3독]의 소멸'을 의미하기도 한다.45) 이는 근거가 없지 않다. 부처 본인의 말은 아니지만, 부처가 아주 신임했던 상수제자 사리불(Sāriputta)이 그걸 알려준다.

閻浮車問舍利弗 謂涅槃者 云何為涅槃.

舍利弗言 涅槃者 貪欲永盡 瞋恚永盡 愚癡永盡 一切諸煩惱永盡 是名涅槃.

復問 舍利弗 有道有向 修習多修習 得涅槃耶.

---

45) 《상윳따 니까야》의 〈Kāya-sutta〉에서 '무위법'에 대해 이렇게 설명한다.

舍利弗言 有 謂八正道 正見 乃至正定.

時 二正士共論議已 各從座起而去.

염부차(Jambukhādaka)가 사리불에게 물었다.

"어떤 것을 열반(涅槃)이라고 합니까?"

사리불이 말하였다.

"열반이라는 것은 탐욕(貪欲)이 영원히 다하고, 성냄(瞋恚)이 영원히 다하며, 어리석음(愚癡)이 영원히 다하고, 일체 모든 번뇌(煩惱)가 영원히 다한 것이니, 이것을 열반이라고 합니다."

또 물었다.

"사리불이여, 닦아 익히고 많이 닦아 익히면 열반을 얻게 되는 길이 있고 방법이 있습니까?"

사리불이 말하였다.

"있습니다. 이른바 8정도(八正道)이니, 즉 바른 소견(正見)과 … (내지) … 바른 선정(正定)입니다."

그때 두 정사(正士)는 서로 논의를 마치고 각각 자리에서 일어나 떠나갔다.

《잡아함경》 제18권 490경 〈염부차경〉(閻浮車經)

부처는 또 《상윳따 니까야》의 〈비유경〉(Āsīvisôpama-sutta)에서 열반을 네 마리 독사 따위와 같은 각종 위험들을 피해서 뗏목을 타고 도달한 '안전하고 아무 두려움이 없는 저 언덕'(pārimaṃ tīraṃ khemam appaṭibhaya)이라고 문학적으로 묘사하기도 한다. 이른바 '피안'인 것이다.

한 전문가는 열반에 대해, "출세간(出世間, lokuttara)이며 유위(有爲, saṅkhata)를 완전히 벗어난 무위(無爲, asaṅkhata)이며 고요함(upasama)을 특징으로 하는 하나의 본성을 가졌다"고 설명하기도 한다. '고요', 그것을 한어로는 '적정'(寂靜)이라고 부르기도 한다. 열반적정의 그 적정이다.

바로 이런 고요한 상태가 열반이다. 부처는 그런 상태를 마지막 단계로, 궁극의 상태로 제시했다. 불교의 최종 지향점이다. 바로 이것이, 깨달은, 해탈한, 온갖 고통의 원인이 제거된, 욕망의 불꽃이 사그라진, 그리하여 고통이 사라진, 일체 고액을 건너간 그런 저편, 피안이다. 그게 바로 열반의 고요한 상태다. 바로 이 상태를 가리키며 그는 저 유명한 주문을 읊었던 것이다. '아제아제 바라아제 바라승아제 모지 사바하'(가자 가자 건너가자, 모두 건너가서 무한한 깨달음을 이루자)라고. '고'와의 성스러운 사투는 여기에 이르러 그 대단원의 막을 내리게 된다. 아마도 해피엔드일 것이다. 고통으로 신음하는 모든 중생들이 부처의 자비로 이 고요함에 이르기를 축원한다.

50. 마무리: 부처님 귀하

존경하옵는 부처님, 오랜 숙제 하나를 드디어 마쳤습니다. 어린 시절, 학가산 봉정사 대웅전에서 근엄한 불상의 모습으로 당신을 처음 접한 뒤, 그리고 젊은 시절, 이른바 불교 철학 시간에 당신의 언어들을 본격적으로 접한 뒤, '부처님'은 제게 하나의 숙제가 되었습니다. '이분은 과연 누구인가?'

인도 북부 카필라 왕국의 슈도다나 왕(정반왕)과 마야 부인의 왕자로 태어나 7일 만에 어머니를 잃고 이모이자 계모인 마하프라자파티(=마하파자파티)의 손에 자라고 사문유관을 하고 진리를 동경했고, 야쇼다라와 결혼해 라훌라를 낳았고, 29세에 부모처자를 남겨두고 야반 출가해 설산에서 6년간 고행을 하고, 기진해 쓰러졌다가 수자타의 우유죽으로 기운을 되찾고, 정진을 거듭하여 35세에 보리수 아래에서 깨달음을 얻고, 이후 녹야원에서 꼰단냐 등 다섯 비구들을 상대로 초전법륜을 하고, 이후 45년간 마가다국, 코살라국 등을 두루 다니며 대상의 신분을 가리지 않고 설법을 했고, 사리불, 아난타, 목건련, 대가섭, 수보리 등 10대 제자[46]를 키우고, 80세에 쭌다가 공양한 상한 음식을 먹고 병을 얻어 쿠시나가라의 사라쌍수 아래에서 열반에 들었으며, 괴로워하는 쭌다를 오히려 위로하는 한편 제자들에게 "자기 자신을 등불

---

46) 가전연(迦旃延, Maha-Kaccayana): 논의제일(論議第一)
대가섭(大迦葉, Mahā-Kāśyapa): 석가모니 사후 교단을 통솔하여, 5백 아라한과 석가모니의 법률을 편집(제1결집)하여 부법장(付法藏)의 1조(祖)가 되었다. 두타제일(頭陀第一)
라후라(羅睺羅, Rahula): 석가모니의 아들로, 사미승의 시초가 되었다. 밀행제일(密行第一)
목건련(目犍連, Moggallana): 사리불과 함께 회의론자 산자야의 제자였으나, 불도에 귀의하게 되었다. 신통제일(神通第一)
부루나(富樓那, Purna Maitrayani-putra): 설법제일(說法第一)
사리불(舍利弗, Sāriputra/Sāriputta): 수제자라 일컫는다. 지혜제일(智慧第一)
수보리(須菩提, Subhuuti): 공(空)에 대한 설법을 잘하여 해공제일(解空第一)이라 불렸다. 《서유기》에서 손오공의 스승으로 등장한다.
아나률(阿那律, Aniruddha/Anaruddha): 아난타와 함께 출가했다. 석가모니의 앞에서 졸다가 꾸지람을 듣고 잠들지 않을 것을 맹세한 뒤 눈을 잃게 되었으나, 대신 진리의 눈을 얻었다. 천안제일(天眼第一)
아난타(阿難陀, Ananda): 석가모니가 열반할 때까지 25년간 시중을 들었다. 제1결집 때 그의 기억에 기초하여 경이 편찬되었다. 다문제일(多聞第一)
우바리(優婆離, Upali): 지계제일(持戒第一) 출처: 위키백과

로 삼고, 자기 자신에 의지하라. 진리에 의지하고, 진리를 스승으로 삼아라. 진리는 영원히 꺼지지 않는 등불이 되리라. 이 밖에 다른 것에 의지해서는 안 된다. 세상의 모든 것은 변하니 부지런히 정진하여 고통의 속박에서 벗어나라."는 마지막 당부와 함께 엄청난 사리를 남겼다…, 그런 이야기가 아닙니다.

그런 일대기도 물론 충분히 사람들에게 어필하는 바가 있지만, 당신께 중요한 것은 무엇보다도 그 사유와 언어와 수행-설법 등 실천적 삶, 즉 그 깨달음의 내용이라고 저는 생각합니다. 나름 어설픈 공부를 하며 저는 그 핵심이 이른바 3법인, 4성제, 8정도, 12연기에 있다고 파악했습니다. 그중에서도 핵심은 '고'(苦)에서 '도'(度)로, 혹은 '고'에서 '멸'(滅)로 향하는 그 지향 내지 방향성에 있다고 파악했습니다. 당신께서 진실로 말하고자 했던 바는 바로 그것이라고, 그렇게 저는 당신의 경전들을 읽었습니다.

그 이후 2천 수백 년, 세월이 흐르면서 이른바 불-법-승 3보가 형성되었습니다. 당신은 거룩한 부처님이 되셨고, 당신의 말씀들은 팔만대장경으로 늘어났고, 엄청난 사찰들이 생겨났고 무수한 고승 대덕들이 당신의 발길을 따라 당신이 개척한 그 길을 걸었습니다. 지금 저의 시대에도 이른바 '불교'는 막강한 세력을 과시합니다. 종단과 종정은 하나의 현실적 권위이기도 합니다. 그 사회적 역할도 중요한 의미를 갖습니다.

그러나 그럼에도 불구하고, 저는 저 무수한 사찰들의 저 무수한 불상 앞에서, 혹은 저 무수한 탑들을 돌며 기도하는 저 무수한 불도들이 과연 당신에 대해, 부처에 대해 얼마나 알고 있을까, 얼마나 제대로 알고 있을까, 의문을 느낍니다. 특히 그들의 그 기도의 내용을 들여다보면서.

나는 그 오해를 걷어내주고 싶었습니다. 학자니까요. 특히 철학자니까요. 그래서 이걸, 즉 철학적 불교론을 저의 숙제로 생각했던 겁니다. 이 어설픈 숙제가 과연 몇 점이나 받을 수 있을지, 동그라미를 몇 개나 받을 수 있을지, '참 잘했어요'를 받을 수 있을지, 크게 자신은 없지만, (아마 어떤 이는 A를 줄 것이고, 어떤 이는 C나 D를, 혹은 F를 주거나 심지어 거들떠보지도 않을 것입니다.) 그래도 저는 자부는 합니다. '부처의 언어들'을 이처럼 알기 쉽게 잘 정리해서 친절하게 설명해주는 책이 그렇게 많지는 않을 거라고. 부처가 진정 말하고자 했던 핵심이 이 책의 설명에서 크게 벗어나지는 않을 거라고.

존경하는 부처님, 저의 이 자부가 부디 꼴사나운 자기 자랑이 되지 않도록 저를 경계해주옵소서. 만일 쓸 만한 성과가 이 언어들 속에서 조금이나마 발견된다면, 부디 그 공을 나 자신이 아니라 번역과 해설 등으로 애써준 많은 학자들이나 스님들에게 돌릴 수 있도록, 아니 무엇보다도 그 원천인 부처님께 돌릴 수 있도록 저를 눌러주옵소서. 그리하여 부처님의 이 말씀들이 심해의 조가비 속 진주알처럼 그 스스로 진리의 영롱한 빛을 발할 수 있도록 부디 그 속된 때를 닦고 먼지를 걷어내주옵소서.

많은 사람들이 이 책의 언어들을 통해 금빛 불상이 아닌 숨결과 체온이 느껴지는 진정한 당신 고타마 싯다르타를 알고 당신의 진리를 공유할 수 있도록, 그리하여 깨달음에 이르고 해탈에 이르고 궁극적으로 고에서 벗어날 수 있도록 자비를 베풀어 보우하소서. 이미 입적하여 입을 닫으신 당신을 대신하여 먼 동방의 한 소박한 철학자가 고통에 시달리는 가련한 중생들을 위해 당신의 뜻이 담긴 주문을 외겠습니다.

“갓떼 갓떼 빠라갓떼 빠라상갓떼 보디 스와하”47)(가자 가자 건너가자, 모두 건너가서 무한한 깨달음을 이루자)

---

47) 산스크리트어 원문이다. “Gate Gate Pāragate Pārasaṃgate Bodhi Svāhā.” 한문역은 “揭諦揭諦 波羅揭諦 波羅僧揭諦 菩提 娑婆訶”(아제아제 바라아제 바라승아제 모지 사바하)

부 록

《초전법륜경》

《반야심경》

《초전법륜경》

Dhammacakkappavattana-sutta

담마짝캅빠왓따나 숫따

1.

Ekaṃ samayaṃ bhagavā bārāṇasiyaṃ viharati isipatane migadāye.

에~깡 사마양 바가와~ 바~라~나시양 위하라띠 이시빠따네~ 미가다~예~

[이와 같이 나는 들었다.] 한때 세존께서는 바라나시에서 이시빠따나의 녹야원에 머무셨다.

([이와 같이 나는 들었다.] 한때 세존께서는 바라나씨의 이씨빠따나에 있는 미가다야에 계셨다.)

2.

Tatra kho bhagavā pañcavaggiye bhikkhū āmantesi –

따뜨라 코~ 바가와~ 빤짜왁기예~ 비구~ 아~만떼~시

거기서 세존께서는 다섯 비구를 불러서 말씀하셨다.

(그때 세존께서는 다섯 명의 수행승들에게 말씀하셨다.)

3.

dveme, bhikkhave, antā pabbajitena na sevitabbā.

ㄷ웨~메~, 빅카웨~, 안따~ 빱바지떼~나 나 세~위땁바~

비구들이여, 출가자가 가까이하지 않아야 할 두 가지 극단이 있다.

(수행승들이여, 출가자는 두 가지의 극단을 섬기지 않는다.)

Katame dve?

까따메~ ㄷ웨~

무엇이 둘인가?

(두 가지란 무엇인가?)

Yo cāyaṃ kāmesu kāmasukhallikānuyogo hīno gammo pothujjaniko anariyo anatthasaṃhito,

요~ 짜~양 까~메~수 까~마수칼리까~누요~고~ 히~노~ 감모~ 뽀~툿자니꼬~ 아나리요~ 아낫타상히또~

그것은 저열하고 촌스럽고 범속하고 성스럽지 못하고 이익을 주지 못하는 감각적 욕망들에 대한 쾌락의 탐닉에 몰두하는 것과,

(수행승들이여, 감각적 쾌락의 욕망에 탐착을 일삼는 것은 저

열하고 비속하고 배우지 못한 일반 사람의 소행으로 성현의 가르침이 아니며 무익한 것이다.)

yo cāyaṃ attakilamathānuyogo dukkho anariyo anattha-saṃhito.
요~ 짜~양 앗타낄라마타~누요~고~ 둑코~ 아나리요~ 아낫타상히또~
괴롭고 성스럽지 못하고 이익을 주지 못하는 자기학대에 몰두하는 것이다.
(또한 스스로 고행을 일삼는 것도 괴로운 것이며 성현의 가르침이 아닌 것으로 무익한 것이다.)

Ete kho, bhikkhave, ubho ante anupagamma majjhimā paṭipadā tathāgatena abhisambuddhā
에~떼~ 코~, 빅카웨~, 우보~ 안떼~ 아누빠감마 맛지마~ 빠띠빠다~ 따타~가떼~나 아비삼붓다~
비구들이여, 이러한 두 가지 극단을 의지하지 않고 여래는 중도(中道)를 완전하게 깨달았나니
(수행승들이여, 여래는 이 두 가지 극단을 떠나 중도를 깨달았다.)

cakkhukaraṇī ñāṇakaraṇī upasamāya abhiññāya sambodhāya

nibbānāya saṃvattati.”

짝쿠까라니~ 냐~나까라니~ 우빠사마~야 아빈냐~야 삼보~다~야 닙바~나~야 상왓따띠

[이 중도는] 안목을 만들고 지혜를 만들며, 고요함과 최상의 지혜와 바른 깨달음과 열반으로 인도한다.

(이것은 눈을 생기게 하고 앎을 생기게 하며 궁극적인 고요, 곧바른 앎, 올바른 깨달음, 열반으로 이끈다.)

4.

Katamā ca sā, bhikkhave, majjhimā paṭipadā tathāgatena abhisambuddhā cakkhukaraṇī ñāṇakaraṇī upasamāya abhiññāya sambodhāya nibbānāya saṃvattati?

까따마~ 쩌 사~, 빅카웨~, 맛지마~ 빠띠빠다~ 따타~가떼~나 아비삼붓다~ 짝쿠까라니~ 냐~나까라니~ 우빠사마~야 아빈냐~야 삼보~다~야 닙바~나~야 상왓따띠

비구들이여, 그러면 어떤 것이 여래가 완전하게 깨달았으며, 안목을 만들고 지혜를 만들며, 고요함과 최상의 지혜와 바른 깨달음과 열반으로 인도하는 중도인가?

([눈을 생기게 하고 앎을 생기게 하며 궁극적인 고요, 곧바른 앎, 올바른 깨달음, 열반으로 이끄는] 그 중도란 무엇인가?)

Ayameva ariyo aṭṭhaṅgiko maggo, seyyathidaṃ –

아얌에~와 아리요~ 앗탕기꼬~ 막고~, 세이야티당
그것은 바로 여덟 가지 구성요소를 가진 성스러운 도[八支聖道]이니,
(그것은 바로 여덟 가지 고귀한 길이다. 곧,)

sammādiṭṭhi
삼마~ 딧티
바른 견해,
(올바른 견해,)

sammāsaṅkappo
삼마~ 상깝뽀~
바른 사유,
(올바른 사유,)

sammāvācā
삼마~ 와~짜~
바른 말,
(올바른 언어,)

sammākammanto
삼마~ 깜만또~

바른 행위,
(올바른 행위,)

sammāājīvo
삼마~ 아~지~오~
바른 생계,
(올바른 생활,)

sammāvāyāmo
삼마~ 와~야~모~
바른 정진,
(올바른 정진,)

sammāsati
삼마~ 사띠
바른 마음 챙김,
(올바른 새김,)

sammāsamādhi.
삼마~ 사마~디
바른 삼매이다.
(올바른 집중이다.)

Ayaṃ kho sā, bhikkhave, majjhimā paṭipadā tathāgatena abhisambuddhā cakkhukaraṇī ñāṇakaraṇī upasamāya abhiññāya sambodhāya nibbānāya saṃvattati.

아양 코~ 사~, 빅카웨~, 맛지마~ 빠띠빠다~ 따타~가떼~나 아비삼붓다~ 짝쿠까라니~ 냐~나까라니~ 우빠삼마~야 아빈냐~야 삼보~다~야 닙바~나~야 상왓따띠

비구들이여, 이것이 바로 여래가 완전하게 깨달았으며, 안목을 만들고 지혜를 만들며, 고요함과 최상의 지혜와 바른 깨달음과 열반으로 인도하는 중도이다.

(수행승들이여, 여래는 이 두 가지 극단을 떠나 중도를 깨달았다. 이것은 눈을 생기게 하고 앎을 생기게 하며 궁극적인 고요, 곧바른 앎, 올바른 깨달음, 열반으로 이끈다.)

5.

Idaṃ kho pana, bhikkhave, dukkhaṃ ariyasaccaṃ –

이당 코~ 빠나, 빅카웨~, 둑캉 아리야 삿짱

비구들이여, 이것이 괴로움의 성스러운 진리[苦聖諦]이다.

(수행승들이여, 괴로움의 거룩한 진리란 이와 같다.)

jātipi dukkhā,

짜~띠 삐 둑카~

태어남도 괴로움이고

(태어남도 괴로움이고)

jarāpi dukkhā,
자라~ 삐 둑카~
늙음도 괴로움이고
(늙는 것도 [괴로움이고])

byādhipi dukkho,
ㅂ야~디 삐 둑코~
병도 괴로움이고
(병드는 것도 괴로움이고)

maraṇampi dukkhaṃ,
마라남 삐 둑캉
죽음도 괴로움이다. [근심, 탄식, 육체적 고통, 정신적 고통, 절망도 괴로움이다.]
(죽는 것도 괴로움이고 [슬픔, 비탄, 고통, 근심, 절망도 괴로움이다.])

appiyehi sampayogo dukkho,
압삐예~히 삼빠요~고~ 둑코~
싫어하는 [대상]들과 만나는 것도 괴로움이다.

(사랑하지 않는 것과 만나는 것도 괴로움이고)

piyehi vippayogo dukkho,

삐예~히 윕빠요~고~ 둑코~

좋아하는 [대상]들과 헤어지는 것도 괴로움이다.

(사랑하는 것과 헤어지는 것도 괴로움이고)

yampicchaṃ na labhati tampi dukkhaṃ –

얌 삐잇창 나 랍바띠 땀 삐 둑캉

원하는 것을 얻지 못하는 것도 괴로움이다.

(원하는 것을 얻지 못하는 것도 괴로움이다.)

saṃkhittena

상킷떼~나

요컨대

(줄여서 말하자면)

pañcupādānakkhandhā dukkhā.

빤쯔 우빠~다~낙 칸다~ 둑카~

취착의 [대상이 되는] 다섯 가지 무더기[五取蘊] 자체가 괴로움이다.

(다섯 가지 존재의 집착 다발이 모두 괴로움이다.)

6.

Idaṃ kho pana, bhikkhave, dukkhasamudayaṃ ariyasaccaṃ –

이당 코~ 빠나, 빅카웨~, 둑카 사무다양 아리야 삿짱

비구들이여, 이것이 괴로움의 일어남의 성스러운 진리[苦集聖諦]이다.

(수행승들이여, 괴로움의 발생의 거룩한 진리란 이와 같다.)

yāyaṃ taṇhā

야~양 딴하~

그것은 바로 갈애이니,

(그것은 바로 [갈애이다.])

ponobbhavikā

뽀~놉바위까~

다시 태어남을 가져오고

(미래의 존재를 일으키는)

nandirāgasahagatā

난디 라~가 사하가따~

즐김과 탐욕이 함께하며

(쾌락과 탐욕을 갖추고)

tatratatrābhinandinī,
따뜨라 따뜨라 아빈난디니~
여기저기서 즐기는 것이다.
(여기저기에 환희하며 [미래의 존재를 일으키는 갈애이다.])

seyyathidaṃ —
세이야티당
즉
(곧)

kāmataṇhā,
까~마 딴하~
감각적 욕망에 대한 갈애,
(감각적 쾌락의 욕망에 대한 갈애,)

bhavataṇhā,
바와 딴하~
존재에 대한 갈애,
(존재에 대한 갈애,)

vibhavataṇhā.
위바와 딴하~

존재하지 않음에 대한 갈애가 그것이다.
(비존재에 대한 갈애이다.)

7.
Idaṃ kho pana, bhikkhave, dukkhanirodhaṃ ariyasaccaṃ –
이당 코~ 빠나, 빅카웨~, 둑카 니로~당 아리야 삿짱
비구들이여, 이것이 괴로움의 소멸의 성스러운 진리[苦滅聖諦]이다.
(수행승들이여, 괴로움의 소멸의 거룩한 진리란 이와 같다.)

yo tassāyeva taṇhāya asesavirāganirodho
요~ 땃사~예~와 딴하~야 아세~사 위라~가 니로~도~
그것은 바로 그러한 갈애가 남김없이 빛바래어 소멸함,
(그것은 갈애를 남김없이 사라지게 하고 소멸시키고)

cāgo
짜~고~
버림,
(포기하고)

paṭinissaggo
빠띠닛삭고~

놓아버림,
(버려서)

mutti
뭇띠
벗어남,
([집착 없이] 해탈하는 것이다.)

anālayo.
아나~ㄹ라요~
집착 없음이다.
(집착 없이)

8.
Idaṃ kho pana, bhikkhave, dukkhanirodhagāminī paṭipadā ariyasaccaṃ —
이당 코~ 빠나, 빅카웨~, 둑카 니로~다 가~미니~ 빠띠빠다~ 아리야 삿짱
비구들이여, 이것이 괴로움의 소멸로 인도하는 도 닦음의 성스러운 진리[苦滅道聖諦]이다.
(수행승들이여, 괴로움의 소멸로 이끄는 길의 거룩한 진리란 이와 같다.)

ayameva ariyo aṭṭhaṅgiko maggo, seyyathidaṃ –
아얌에~와 아리요~ 앗탕기꼬~ 막고~, 세이야티당
그것은 바로 여덟 가지 구성요소를 가진 성스러운 도[八支聖道]이니,
(그것은 바로 여덟 가지 고귀한 길이다.)

sammādiṭṭhi…pe… sammāsamādhi.
삼마~ 딧티 … 삼마~ 사마~디
즉 바른 견해[正見], 바른 사유[正思], 바른 말[正語], 바른 행위[正業], 바른 생계[正命], 바른 정진[正精進], 바른 마음 챙김[正念], 바른 삼매[正定]이다.
(곧, 올바른 견해, 올바른 사유, 올바른 언어, 올바른 행위, 올바른 생활, 올바른 정진, 올바른 새김, 올바른 집중이다.)

9.
'Idaṃ dukkhaṃ ariyasacca' nti
이당 둑캉 아리야 삿짜 ㄴ띠
비구들이여, (나에게는) '이것이 괴로움의 진리이다'라는,
(수행승들이여, 이와 같이 '이것이 괴로움의 거룩한 진리이다'라고)

me, bhikkhave, pubbe ananussutesu dhammesu cakkhuṃ

udapādi, ñāṇaṃ udapādi, paññā udapādi, vijjā udapādi, āloko udapādi.

메~, 빅카웨~, 뻡베~ 아나눗수떼~수 담메~수 짝쿵 우다빠~디, 냐~낭 우다빠~디, 빤냐~ 우다빠~디, 윗자~ 우다빠~디, 아~ㄹ로~꼬~ 우다빠~디

(나에게는) 전에 들어보지 못한 법들에 대한 눈[眼]이 생겼다. 지혜[智]가 생겼다. 통찰지[慧]가 생겼다. 명지[明]이 생겼다. 광명[光]이 생겼다.

(예전에 들어보지 못한 것에 관하여 나에게 눈이 생겨났고, 앎이 생겨났고, 지혜가 생겨났고, 명지가 생겨났고, 광명이 생겨났다.)

'Taṃ kho panidaṃ dukkhaṃ ariyasaccaṃ pariññeyya' nti

땅 코~ 빠니당 둑캉 아리야 삿짱 빠린네이야 ㄴ띠

'이 괴로움의 진리는 철저하게 알아져야 한다'라는,

(수행승들이여, 이와 같이 '이 괴로움의 거룩한 진리는 상세히 알려져야 한다'라고)

me, bhikkhave, pubbe ananussutesu dhammesu cakkhuṃ udapādi, ñāṇaṃ udapādi, paññā udapādi, vijjā udapādi, āloko udapādi.

메~, 빅카웨~, 뻡베~ 아나눗수떼~수 담메~수 짝쿵 우다빠~디,

냐~낭 우다빠~디, 빤냐~ 우다빠~디, 윗자~ 우다빠~디, 아~ㄹ 로~꼬~ 우다빠~디
전에 들어보지 못한 법들에 대한 눈[眼]이 생겼다. 지혜[智]가 생겼다. 통찰지[慧]가 생겼다. 명지[明]이 생겼다. 광명[光]이 생겼다.
(예전에 들어보지 못한 것에 관하여 나에게 눈이 생겨났고, 앎이 생겨났고, 지혜가 생겨났고, 명지가 생겨났고, 광명이 생겨났다.)

'Taṃ kho panidaṃ dukkhaṃ ariyasaccaṃ pariññāta' nti
땅 코~ 빠니당 둑캉 아리야 삿짱 빠린냐~따 ㄴ띠
'이 괴로움의 진리는 철저하게 알아졌다'라는,
(수행승들이여, 이와 같이 '이 괴로움의 거룩한 진리가 상세히 알려졌다'라고)

me, bhikkhave, pubbe ananussutesu dhammesu cakkhuṃ udapādi, ñāṇaṃ udapādi, paññā udapādi, vijjā udapādi, āloko udapādi.
메~, 빅카웨~, 뿝베~ 아나눗수떼~수 담메~수 짝쿵 우다빠~디, 냐~낭 우다빠~디, 빤냐~ 우다빠~디, 윗자~ 우다빠~디, 아~ㄹ 로~꼬~ 우다빠~디
전에 들어보지 못한 법들에 대한 눈[眼]이 생겼다. 지혜[智]

가 생겼다. 통찰지[慧]가 생겼다. 명지[明]이 생겼다. 광명[光]이 생겼다.

(예전에 들어보지 못한 것에 관하여 나에게 눈이 생겨났고, 앎이 생겨났고, 지혜가 생겨났고, 명지가 생겨났고, 광명이 생겨났다.)

10.

'Idaṃ dukkhasamudayaṃ ariyasacca' nti

이당 둑카 사무다양 아리야 삿짜 ㄴ띠

비구들이여, 나에게는 '이것이 괴로움의 일어남의 진리이다'라는,

(수행승들이여, 이와 같이 '이것이 괴로움의 발생의 거룩한 진리이다'라고)

me, bhikkhave, pubbe ananussutesu dhammesu cakkhuṃ udapādi, ñāṇaṃ udapādi, paññā udapādi, vijjā udapādi, āloko udapādi.

메~, 빅카웨~, 뿝베~ 아나눗수떼~수 담메~수 짝쿵 우다빠~디, 냐~낭 우다빠~디, 빤냐~ 우다빠~디, 윗자~ 우다빠~디, 아~ㄹ로~꼬~ 우다빠~디

전에 들어보지 못한 법들에 대한 눈[眼]이 생겼다. 지혜[智]가 생겼다. 통찰지[慧]가 생겼다. 명지[明]이 생겼다. 광명

[光]이 생겼다.
(예전에 들어보지 못한 것에 관하여 나에게 눈이 생겨났고, 앎이 생겨났고, 지혜가 생겨났고, 명지가 생겨났고, 광명이 생겨났다.)

'Taṃ kho panidaṃ dukkhasamudayaṃ ariyasaccaṃ pahātabba' nti
땅 코~ 빠니당 둑카 사무다양 아리야 삿짱 빠하~땁바 ㄴ띠
'이 괴로움의 일어남의 진리는 버려져야 한다'라는,
(수행승들이여, 이와 같이 '이 괴로움의 발생의 거룩한 진리는 제거되어야 한다'라고)

me, bhikkhave, pubbe ananussutesu dhammesu cakkhuṃ udapādi, ñāṇaṃ udapādi, paññā udapādi, vijjā udapādi, āloko udapādi.
메~, 빅카웨~, 뿝베~ 아나눗수떼~수 담메~수 짝쿵 우다빠~디, 냐~낭 우다빠~디, 빤냐~ 우다빠~디, 윗자~ 우다빠~디, 아~ㄹ로~꼬~ 우다빠~디
전에 들어보지 못한 법들에 대한 눈[眼]이 생겼다. 지혜[智]가 생겼다. 통찰지[慧]가 생겼다. 명지[明]가 생겼다. 광명[光]이 생겼다.
(예전에 들어보지 못한 것에 관하여 나에게 눈이 생겨났고,

앎이 생겨났고, 지혜가 생겨났고, 명지가 생겨났고, 광명이 생겨났다.)

'Taṃ kho panidaṃ dukkhasamudayaṃ ariyasaccaṃ pahīna' nti
땅 코~ 빠니당 둑카 사무다양 아리야 삿짱 빠히~나 ㄴ띠
'이 괴로움의 일어남의 진리는 버려졌다'라는,
(수행승들이여, 이와 같이 '이 괴로움의 발생의 거룩한 진리가 제거되었다'라고)

me, bhikkhave, pubbe ananussutesu dhammesu cakkhuṃ udapādi, ñāṇaṃ udapādi, paññā udapādi, vijjā udapādi, āloko udapādi.
메~, 빅카웨~, 뿝베~ 아나눗수떼~수 담메~수 짝쿵 우다빠~디, 냐~낭 우다빠~디, 빤냐~ 우다빠~디, 윗자~ 우다빠~디, 아~ㄹ로~꼬~ 우다빠~디
전에 들어보지 못한 법들에 대한 눈[眼]이 생겼다. 지혜[智]가 생겼다. 통찰지[慧]가 생겼다. 명지[明]가 생겼다. 광명[光]이 생겼다.
(예전에 들어보지 못한 것에 관하여 나에게 눈이 생겨났고, 앎이 생겨났고, 지혜가 생겨났고, 명지가 생겨났고, 광명이 생겨났다.)

11.

‘Idaṃ dukkhanirodhaṃ ariyasacca’ nti

이당 둑카 니로~당 아리야 삿짜 ㄴ띠

비구들이여, 나에게는 ‘이것이 괴로움의 소멸의 진리이다’라는,

(수행승들이여, 이와 같이 ‘이것이 괴로움의 소멸의 거룩한 진리이다’라고)

me, bhikkhave, pubbe ananussutesu dhammesu cakkhuṃ udapādi, ñāṇaṃ udapādi, paññā udapādi, vijjā udapādi, āloko udapādi.

메~, 빅카웨~, 뻡베~ 아나눗수떼~수 담메~수 짝쿵 우다빠~디, 냐~낭 우다빠~디, 빤냐~ 우다빠~디, 윗자~ 우다빠~디, 아~ㄹ로~꼬~ 우다빠~디

전에 들어보지 못한 법들에 대한 눈[眼]이 생겼다. 지혜[智]가 생겼다. 통찰지[慧]가 생겼다. 명지[明]가 생겼다. 광명[光]이 생겼다.

(예전에 들어보지 못한 것에 관하여 나에게 눈이 생겨났고, 앎이 생겨났고, 지혜가 생겨났고, 명지가 생겨났고, 광명이 생겨났다.)

‘Taṃ kho panidaṃ dukkhanirodhaṃ ariyasaccaṃ sacchikātabba' nti

땅 코~ 빠니당 둑카 니로~당 아리야 삿짱 삿치까~땁바 ㄴ띠

'이 괴로움의 소멸의 진리는 실현되어야 한다'라는,

(수행승들이여, 이와 같이 '이 괴로움의 소멸의 거룩한 진리는 실현되어야 한다'라고)

me, bhikkhave, pubbe…pe… udapādi.

메~, 빅카웨~, 뿝베~ … 우다빠~디

전에 들어보지 못한 법들에 대한 눈[眼]이 생겼다. 지혜[智]가 생겼다. 통찰지[慧]가 생겼다. 명지[明]가 생겼다. 광명[光]이 생겼다.

(예전에 들어보지 못한 것에 관하여 나에게 눈이 생겨났고, 앎이 생겨났고, 지혜가 생겨났고, 명지가 생겨났고, 광명이 생겨났다.)

'Taṃ kho panidaṃ dukkhanirodhaṃ ariyasaccaṃ sacchikata' nti

땅 코~ 빠니당 둑카 니로~당 아리야 삿짱 삿치까따 ㄴ띠

'이 괴로움의 소멸의 진리는 실현되었다'라는,

(수행승들이여, 이와 같이 '이 괴로움의 소멸의 거룩한 진리는 실현되었다'라고)

me, bhikkhave, pubbe ananussutesu dhammesu cakkhuṃ udapādi, ñāṇaṃ udapādi, paññā udapādi, vijjā udapādi, āloko udapādi.
메~, 빅카웨~, 뿝베~ 아나눗수떼~수 담메~수 짝쿵 우다빠~디, 냐~낭 우다빠~디, 빤냐~ 우다빠~디, 윗자~ 우다빠~디, 아~ㄹ 로~꼬~ 우다빠~디
전에 들어보지 못한 법들에 대한 눈[眼]이 생겼다. 지혜[智]가 생겼다. 통찰지[慧]가 생겼다. 명지[明]가 생겼다. 광명[光]이 생겼다.
(예전에 들어보지 못한 것에 관하여 나에게 눈이 생겨났고, 앎이 생겨났고, 지혜가 생겨났고, 명지가 생겨났고, 광명이 생겨났다.)

12.

'Idaṃ dukkhanirodhagāminī paṭipadā ariyasacca' nti
이당 둑카 니로~다 가~미니~ 빠띠빠다~ 아리야 삿짜 ㄴ띠
비구들이여, 나에게는 '이것이 괴로움의 소멸로 인도하는 도닦음의 진리이다'라는,
(수행승들이여, 이와 같이 '이것이 괴로움의 소멸로 이끄는 길의 거룩한 진리이다'라고)

me, bhikkhave, pubbe ananussutesu dhammesu cakkhuṃ

udapādi, ñāṇaṃ udapādi, paññā udapādi, vijjā udapādi, āloko udapādi.
메~, 빅카웨~, 뿝베~ 아나눗수떼~수 담메~수 짝쿵 우다빠~디, 냐~낭 우다빠~디, 빤냐~ 우다빠~디, 윗자~ 우다빠~디, 아~ㄹ로~꼬~ 우다빠~디
전에 들어보지 못한 법들에 대한 눈[眼]이 생겼다. 지혜[智]가 생겼다. 통찰지[慧]가 생겼다. 명지[明]가 생겼다. 광명[光]이 생겼다.
(예전에 들어보지 못한 것에 관하여 나에게 눈이 생겨났고, 앎이 생겨났고, 지혜가 생겨났고, 명지가 생겨났고, 광명이 생겨났다.)

Taṃ kho panidaṃ dukkhanirodhagāminī paṭipadā ariya-saccaṃ bhāvetabba' nti
땅 코~ 빠니당 둑카 니로~다 가~미니~ 빠띠빠다~ 아리야 삿짱 바~웨~땁바 ㄴ띠
'이 괴로움의 소멸로 인도하는 도 닦음의 진리는 닦아져야 한다'라는,
(수행승들이여, 이와 같이 '이 괴로움의 소멸로 이끄는 길의 거룩한 진리는 닦여야 한다'라고)

me, bhikkhave, pubbe ananussutesu dhammesu cakkhuṃ

udapādi, ñāṇaṃ udapādi, paññā udapādi, vijjā udapādi, āloko udapādi.

메~, 빅카웨~, 뿝베~ 아나눗수떼~수 담메~수 짝쿵 우다빠~디, 냐~낭 우다빠~디, 빤냐~ 우다빠~디, 윗자~ 우다빠~디, 아~ㄹ로~꼬~ 우다빠~디

전에 들어보지 못한 법들에 대한 눈[眼]이 생겼다. 지혜[智]가 생겼다. 통찰지[慧]가 생겼다. 명지[明]가 생겼다. 광명[光]이 생겼다.

(예전에 들어보지 못한 것에 관하여 나에게 눈이 생겨났고, 앎이 생겨났고, 지혜가 생겨났고, 명지가 생겨났고, 광명이 생겨났다.)

'Taṃ kho panidaṃ dukkhanirodhagāminī paṭipadā ariya-saccaṃ bhāvita' nti

땅 코~ 빠니당 둑카 니로~다 가~미니~ 빠띠빠다~ 아리야 삿짱 바~위따 ㄴ띠

'이 괴로움의 소멸로 인도하는 도 닦음의 진리는 닦아졌다'라는,

(수행승들이여, 이와 같이 '이 괴로움의 소멸로 이끄는 길의 거룩한 진리가 닦였다'라고)

me, bhikkhave, pubbe ananussutesu dhammesu cakkhuṃ

udapādi, ñāṇaṃ udapādi, paññā udapādi, vijjā udapādi, āloko udapādi.

메~, 빅카웨~, 뿝베~ 아나눗수떼~수 담메~수 짝쿵 우다빠~디, 냐~낭 우다빠~디, 빤냐~ 우다빠~디, 윗자~ 우다빠~디, 아~ㄹ 로~꼬~ 우다빠~디

전에 들어보지 못한 법들에 대한 눈[眼]이 생겼다. 지혜[智]가 생겼다. 통찰지[慧]가 생겼다. 명지[明]가 생겼다. 광명[光]이 생겼다.

(예전에 들어보지 못한 것에 관하여 나에게 눈이 생겨났고, 앎이 생겨났고, 지혜가 생겨났고, 명지가 생겨났고, 광명이 생겨났다.)

13.

Yāvakīvañca me, bhikkhave, imesu catūsu ariyasaccesu evaṃ tiparivaṭṭaṃ dvādasākāraṃ yathābhūtaṃ ñāṇadassanaṃ na suvisuddhaṃ ahosi, neva tāvāhaṃ, bhikkhave,

야~와끼~완 쩌 메~, 빅카웨~, 이메~수 짜뚜~수 아리야 삿쩨~수 에~왕 띠빠리왓땅 ㄷ와~다사~까~랑 야타~부~땅 냐~나닷사낭 나 수위숫당 아호~시, 네~와 따~와~항, 빅카웨~

비구들이여, 내가 이와 같이 세 가지 양상과 열두 가지 형태를 갖추어서 네 가지 성스러운 진리를 있는 그대로 알아보는 것이 지극히 청정하게 되지 못하였다면

(수행승들이여, 이와 같이 네 가지의 거룩한 진리에 대하여 나의 앎과 봄이 세 번 굴린 열두 가지의 형태로 있는 그대로 완전히 청정해지지 않았기 때문에, 수행승들이여,)

sadevake loke samārake sabrahmake sassamaṇabrāh- maṇiyā pajāya sadevamanussāya 'anuttaraṃ sammāsambodhiṃ abhisambuddho' ti paccaññāsiṃ.
사데~와께~ 로~께~ 사마~라께~ 사ㅂ라ㅎ마께~ 삿사마나 브라~ㅎ마니야~ 빠자~야 사데~와 마눗사~야 아눗따랑 삼마~ 삼보~딩 아비삼붓도~ 띠 빳짠냐~싱
나는 위없는 바른 깨달음을 실현하였다고 신과 마라와 범천을 포함한 세상에서, 사문, 바라문과 신과 사람을 포함한 무리 가운데에서 스스로 천명하지 않았을 것이다.
(나는 신들과 악마들과 하느님들의 세계에서, 성직자들과 수행자들, 그리고 왕들과 백성들과 그 후예들의 세계에서 위없이 바르고 원만한 깨달음을 바르게 원만히 깨달았다고 선언하지 않았다.)

14.
Yato ca kho me, bhikkhave, imesu catūsu ariyasaccesu evaṃ tiparivaṭṭaṃ dvādasākāraṃ yathābhūtaṃ ñāṇadassanaṃ suvisuddhaṃ ahosi, athāhaṃ, bhikkhave,

야또~ 쩌 코~ 메~, 빅카웨~, 이메~수 짜뚜~수 아리야 삿쩨~수 에~왕 띠빠리왓땅 ㄷ와~다사~까~랑 야타~부~땅 냐~나 닷사낭 수위숫당 아호~시, 아타~항, 빅카웨~

비구들이여, 그러나 내가 이와 같이 세 가지 양상과 열두 가지 형태를 갖추어서 네 가지 성스러운 진리를 있는 그대로 알고 보는 것이 지극히 청정하게 되었기 때문에

(그러나 수행승들이여, 이와 같이 네 가지 거룩한 진리에 대하여 나의 앎과 봄이 세 번 굴려서 열두 가지 형태로 있는 그대로 완전히 청정해졌기 때문에, 수행승들이여,)

sadevake loke samārake sabrahmake sassamaṇabrāh- maṇiyā pajāya sadevamanussāya 'anuttaraṃ sammāsambodhiṃ abhisambuddho' ti paccaññāsiṃ.

사데~와께~ 로~께~ 사마~라께~ 사ㅂ라ㅎ마께~ 삿사마나 ㅂ라~ㅎ마니야~ 빠자~야 사데~와 마눗사~야 아눗따랑 삼마~ 삼보~딩 아비삼붓도~ 띠 빳짠냐~싱

나는 위없는 바른 깨달음을 실현했다고 신과 마라와 범천을 포함한 세상에서, 사문, 바라문과 신과 사람을 포함한 무리 가운데에서 스스로 천명하였다.

(나는 신들과 악마들과 하느님들의 세계에서, 성직자들과 수행자들, 그리고 왕들과 백성들과 그 후예들의 세계에서 위없이 바르고 원만한 깨달음을 바르게 원만히 깨달았다고 선언

했다.)

Ñāṇañca pana me dassanaṃ udapādi — 'akuppā me vimutti, ayamantimā jāti, natthidāni punabbhavo' ti.

냐~난 쩌 빠나 메~ 닷사낭 우다빠~디 – 아꿉빠~ 메~ 위뭇띠, 아야만띠마~ 자~띠, 낫티다~니 뿌납바오~ 띠

그리고 나에게는 '나의 해탈은 확고부동하다. 이것이 나의 마지막 태어남이며, 이제 더 이상의 다시 태어남[再生]은 없다' 라는 지와 견이 일어났다.

(나에게 '나는 흔들림 없는 마음에 의한 해탈을 이루었다. 이것이 최후의 태어남이며, 이제 다시 태어남은 없다'라는 앎과 봄이 생겨났다.)

15.

Idamavoca bhagavā.

이담 아오~쩌 바가와~

세존께서는 이렇게 말씀하셨다.

(세존께서 이와 같이 말씀하시자)

Attamanā pañcavaggiyā bhikkhū bhagavato bhāsitaṃ abhinandunti.

앗따마나~ 빤짜왁기야~ 비구~ 바가와또~ 바~시땅 아비난둔띠

다섯 비구는 마음이 흡족해져서 세존의 말씀을 크게 기뻐하였다.
(다섯 명의 수행승들은 세존의 말씀에 환희하고 기뻐했다.)

Imasmiñca pana veyyākaraṇasmiṃ bhaññamāne
이마ㅅ민 쩌 빠나 웨이야~까라나ㅅ밍 반냐마~네~
이 상세한 설명[授記]이 설해졌을 때
(또한 그 가르침을 설할 때에)

āyasmato koṇḍaññassa virajaṃ vītamalaṃ dhammacakkhuṃ udapādi —
아~야ㅅ마또~ 꼰단냣사 위라장 위~따말랑 담마짝쿵 우다빠~디
꼰단냐 존자에게는 티 없고 때가 없는 법의 눈[法眼]이 생겼다.
(존자 꼰당냐에게 순수하고 때 묻지 않은 진리의 눈이 생겨났다.)

"yaṃ kiñci samudayadhammaṃ, sabbaṃ taṃ nirodhadhamma" nti
양 낀찌 사무다야 담망 삽방 땅 니로~다 담마 ㄴ띠
'일어나는 법은 그 무엇이건 모두 소멸하기 마련인 법이다'
[集法卽滅法]라는

(‘무엇이든 생겨난 것은 그 모두가 소멸하는 것이다’라고)

16.

Pavattite ca pana bhagavatā dhammacakke bhummā devā saddamanussāvesuṃ –

바왓띠떼 쩌 빠나 바가와따~ 담마짝께 붐마~ 데~와~ 삿담마눗사~웨~숭

이와 같이 세존께서 법륜을 굴리셨을 때 땅의 신들이 외쳤다. (세존께서 이와 같이 가르침의 수레바퀴를 굴리실 때에 땅 위의 신들은 소리쳤다.)

“etaṃ bhagavatā bārāṇasiyaṃ isipatane migadāye anuttaraṃ dhammacakkaṃ pavattitaṃ appaṭivattiyaṃ samaṇena vā brāhmaṇena vā devena vā mārena vā brahmunā vā kenaci vā lokasmi” nti.

에~땅 바가와따~ 바~라~나시양 이시빠따네~ 미가다~예~ 아눗따랑 담마짝깡 빠왓띠땅 압빠띠왓띠양 사마네~나 와~ 브라~ㅎ마네~나 와~ 데~웨~나 와~ 마~레~나 와~ 브라ㅎ무나~ 와~ 께~나찌 와~ 로~까ㅅ미 ㄴ띠

“세존께서는 바라나시에 있는 이시빠따나의 녹야원에서 이러한 위없는 법륜을 굴리셨나니, 어떤 사문도 바라문도 신도 마라도 범천도 이 세상의 그 누구도 이것을 멈추게 할 수 없

도다.”라고.

(“세존께서 바라나씨 시의 이씨빠따나에 있는 미가다야에서 어떠한 수행자나 성직자나 신이나 악마나 하느님이나 세상의 어떤 사람도 멈출 수 없는, 위없는 가르침의 수레바퀴를 굴리셨다.”라고.)

17.

Bhummānaṃ devānaṃ saddaṃ sutvā cātumahārājikā devā saddamanussāvesuṃ –

붐마~낭 데~와~낭 삿당 수ㄸ와~ 짜~뚜마하~라~지까~ 데~와~ 삿담마눗사~웨~숭

땅의 신들의 소리를 듣고 사대왕천의 신들이 외쳤다.

(땅 위의 신의 소리를 듣고, 네 위대한 왕들의 하늘나라에 사는 신들도 소리쳤다.)

“etaṃ bhagavatā bārāṇasiyaṃ isipatane migadāye anuttaraṃ dhammacakkaṃ pavattitaṃ, appaṭivattiyaṃ samaṇena vā brāhmaṇena vā devena vā mārena vā brahmunā vā kenaci vā lokasmi” nti.

에~땅 바가와따~ 바~라~나시양 이시빠따네~ 미가다~예~ 아눗따랑 담마 짝깡 빠왓띠땅 압빠띠왓띠양 사마네~나 와~ 브라~ㅎ마네~나 와~ 데~웨~나 와~ 마~레~나 와~ 브라ㅎ무나~

와~ 께~나찌 와~ 로~까ㅅ미 ㄴ띠
"세존께서는 바라나시에 있는 이시빠따나의 녹야원에서 이러한 위없는 법륜을 굴리셨나니, 어떤 사문도 바라문도 신도 마라도 범천도 이 세상의 그 누구도 이것을 멈추게 할 수 없도다."라고.
("세존께서 바라나씨 시의 이씨빠따나에 있는 미가다야에서 어떠한 수행자나 성직자나 신이나 악마나 하느님이나 세상의 어떤 사람도 멈출 수 없는, 위없는 가르침의 수레바퀴를 굴리셨다."라고.)

18.
Cātumahārājikānaṃ devānaṃ saddaṃ sutvā tāvatiṃsā devā… pe…
짜~뚜마하~라~지까~낭 데~와~낭 삿당 수ㄸ와~ 따~와띵사~ 데~와~…
사대왕천의 신들의 소리를 듣고 삼십삼천의 신들이 [외쳤다.
"세존께서는 바라나시에 있는 이시빠따나의 녹야원에서 이러한 위없는 법륜을 굴리셨나니, 어떤 사문도 바라문도 신도 마라도 범천도 이 세상의 그 누구도 이것을 멈추게 할 수 없도다."라고.]
(네 위대한 왕들의 하늘나라에 사는 신들의 소리를 듣고, 서른셋 신들의 하늘나라의 신들도 '세존께서 바라나씨 시의 이

씨빠따나에 있는 미가다야에서 어떠한 수행자나 성직자나 신이나 악마나 하느님이나 세상의 어떤 사람도 멈출 수 없는, 위없는 가르침의 수레바퀴를 굴리셨다.'라고 소리쳤다.)

yāmā devā··· pe···

야~마~ 데~와~···

[삼십삼천의 신들의 소리를 듣고] 야마천의 신들이 [외쳤다. "세존께서는 바라나시에 있는 이시빠따나의 녹야원에서 이러한 위없는 법륜을 굴리셨나니, 어떤 사문도 바라문도 신도 마라도 범천도 이 세상의 그 누구도 이것을 멈추게 할 수 없도다."라고.]

(서른셋 신들의 하늘나라에 사는 신들의 소리를 듣고, 축복받는 신들의 하늘나라의 신들도 "세존께서 바라나씨 시의 이씨빠따나에 있는 미가다야에서 어떠한 수행자나 성직자나 신이나 악마나 하느님이나 세상의 어떤 사람도 멈출 수 없는, 위없는 가르침의 수레바퀴를 굴리셨다."라고 소리쳤다.)

tusitā devā···pe···

뚜시따~ 데~와~···

[야마천의 신들의 소리를 듣고] 도솔천의 신들이 [외쳤다. "세존께서는 바라나시에 있는 이시빠따나의 녹야원에서 이러한 위없는 법륜을 굴리셨나니, 어떤 사문도 바라문도 신도

마라도 범천도 이 세상의 그 누구도 이것을 멈추게 할 수 없도다."라고.]
(축복 받는 신들의 하늘나라에 사는 신들의 소리를 듣고, 만족을 아는 신들의 하늘나라의 신들도 "세존께서 바라나씨 시의 이씨빠따나에 있는 미가다야에서 어떠한 수행자나 성직자나 신이나 악마나 하느님이나 세상의 어떤 사람도 멈출 수 없는, 위없는 가르침의 수레바퀴를 굴리셨다."라고 소리쳤다.)

nimmānaratī devā… pe…

님마~나라띠~ 데~와~…

[도솔천의 신들의 소리를 듣고] 화락천의 신들이 [외쳤다. "세존께서는 바라나시에 있는 이시빠따나의 녹야원에서 이러한 위없는 법륜을 굴리셨나니, 어떤 사문도 바라문도 신도 마라도 범천도 이 세상의 그 누구도 이것을 멈추게 할 수 없도다."라고.]
(만족을 아는 신들의 하늘나라에 사는 신들의 소리를 듣고, 창조하고 기뻐하는 신들의 하늘나라의 신들도 "세존께서 바라나씨 시의 이씨빠따나에 있는 미가다야에서 어떠한 수행자나 성직자나 신이나 악마나 하느님이나 세상의 어떤 사람도 멈출 수 없는, 위없는 가르침의 수레바퀴를 굴리셨다."라고 소리쳤다.)

paranimmitavasavattī devā… pe…

빠라님미따와사왓띠~ 데~와~…

[화락천의 신들의 소리를 듣고] 타화자재천의 신들이 [외쳤다. "세존께서는 바라나시에 있는 이시빠따나의 녹야원에서 이러한 위없는 법륜을 굴리셨나니, 어떤 사문도 바라문도 신도 마라도 범천도 이 세상의 그 누구도 이것을 멈추게 할 수 없도다."라고.]

(창조하고 기뻐하는 신들의 하늘나라에 사는 신들의 소리를 듣고, 다른 신들이 만든 것을 누리는 신들의 하늘나라의 신들도 "세존께서 바라나씨 시의 이씨빠따나에 있는 미가다야에서 어떠한 수행자나 성직자나 신이나 악마나 하느님이나 세상의 어떤 사람도 멈출 수 없는, 위없는 가르침의 수레바퀴를 굴리셨다."라고 소리쳤다.)

brahmakāyikā devā saddamanussāvesuṃ –

브라ㅎ마까~이까~ 데~와~ 삿담마눗사~웨~숭

[타화자재천의 신들의 소리를 듣고] 범신천의 신들이 외쳤다.

(다른 신들이 만든 것을 누리는 신들의 하늘나라에 사는 신들의 소리를 듣고, 하느님의 세계의 신들도 소리쳤다.)

"etaṃ bhagavatā bārāṇasiyaṃ isipatane migadāye anuttaraṃ dhammacakkaṃ pavattitaṃ appaṭivattiyaṃ samaṇena vā brāhmaṇena vā devena vā mārena vā brahmunā vā kenaci vā lokasmi” nti.

에~땅 바가와따~ 바~라~나시양 이시빠따네~ 미가다~예~ 아눗따랑 담마 짝깡 빠왓띠땅 압빠띠왓띠양 사마네~나 와~ 브라~ㅎ마네~나 와~ 데~웨~나 와~ 마~레~나 와~ 브라ㅎ무나~ 와~ 께~나찌 와~ 로~까ㅅ미 ㄴ띠

“세존께서는 바라나시에 있는 이시빠따나의 녹야원에서 이러한 위없는 법륜을 굴리셨나니, 어떤 사문도 바라문도 신도 마라도 범천도 이 세상의 그 누구도 이것을 멈추게 할 수 없도다.”라고.

(“세존께서 바라나씨 시의 이씨빠따나에 있는 미가다야에서 어떠한 수행자나 성직자나 신이나 악마나 하느님이나 세상의 어떤 사람도 멈출 수 없는, 위없는 가르침의 수레바퀴를 굴리셨다.”라고.)

19.

Itiha tena khaṇena (tena layena) tena muhuttena yāva brahmalokā saddo abbhuggacchi.

이띠하 떼~나 카네~나 (떼~나 라예~나) 떼~나 무훗떼~나 야~와 브라ㅎ마 ㄹ로~까~ 삿도~ 아북갓차띠

이처럼 그 찰나, 그 짧은 시간, 그 순간에 범천의 세상에 이르기까지 그 소리는 퍼져 나갔다.

(이와 같이 그 찰나, 그 순간, 그 잠깐 사이에 하느님의 세계에까지 소리가 미쳤다.)

Ayañca dasasahassilokadhātu saṅkampi sampakampi sampavedhi, appamāṇo ca uḷāro obhāso loke pāturahosi atikkamma devānaṃ devānubhāvanti.

아얀 쩌 다사사핫시 ㄹ로~까 다~뚜 산깜삐 삼빠깜삐 삼빠웨~디히, 압빠마~노~ 쩌 울라~로~ 오~바~소~ 로~께~ 빠~뚜라호~시 아띡깜마 데~와~낭 데~와~누바~완띠

그리고 이 만(萬) 개의 세계는 흔들렸고 강하게 흔들렸고 요동쳤으며, 측량할 수 없이 광휘로운 빛이 나타났나니 그것은 신들의 광채를 능가하였다.

(또한 이 일만 세계가 움직이더니 흔들리고 크게 진동했다. 무량하고 광대한 빛이 신들과 신들의 위력을 뛰어넘어 세상에 나타났다.)

20.

Atha kho bhagavā imaṃ udānaṃ udānesi –

아타 코~ 바가와~ 이망 우다~낭 우다~네~시

그때 세존께서는 감흥어를 읊으셨다.

(이때 세존께서는 감흥어린 말로 이와 같이 읊으셨다.)

“aññāsi vata, bho, koṇḍañño, aññāsi vata, bho, koṇḍañño” ti!

안냐~시 와따, 보~, 꼰단뇨~, 안냐~시 와따, 보~, 꼰단뇨~ 띠

“참으로 꼰단냐는 완전하게 알았구나. 참으로 꼰단냐는 완전하게 알았구나.”라고.

(“꼰당냐는 궁극적인 앎을 얻었다. 꼰당냐는 궁극적인 앎을 얻었다.”라고)

Iti hidaṃ āyasmato koṇḍaññassa ‘aññāsikoṇḍañño’ tveva nāmaṃ ahosīti.

이띠 히당 아~야ㅅ마또~ 꼰단냣사 안냐~시 꼰단뇨~ ㄸ웨~와 냐~망 아호~시~띠

이렇게 해서 꼰단냐 존자는 안냐 꼰단냐라는 이름을 가지게 되었다.

(그래서 존자 꼰당냐는 앙냐 꼰당냐라는 이름을 갖게 되었다.)[48]

---

48) 출처: 다음카페 빠알리 경 공부 https://jnanayoga.tistory.com/174 ‘초전법륜’(初轉法輪)이란 ‘처음으로 진리의 수레바퀴를 굴렸다’는 뜻. ‘첫 설법’. 《상윳따 니까야》(*Saṃyutta Nikāya*), 상응부(相應部) 56의 11.
산스크리트어로는 धम्मचक्कप्पवत्तन सुत्त

《반야심경》

आयर्श्रीप्रज्ञापारमिताहृदय (산스크리트어본)

Ārya shri Prajñāpāramitā-hṛdaya-sūtram

नमः सवर्ज्ञाय

namaḥ sarvajñāya

आयार्वलोकितेश्वरबोधिसत्त्वो गम्भीरायां प्रज्ञापारमितायां चयार् चरमाणो व्य
वलोक्यति स्म।

āryāvalokiteśvara bodhisattvo gambhīrāyāṃ prajñā pāram-itāyāṃ caryāṃ caramāṇo vyavalokayati sma

पञ्च स्कन्धाः, तांश्च स्वभावशून्यान् पश्यति स्म ॥

pañca skandhāḥ, tāṃśca svabhāva śūnyān paśyati sma.

इह शारिपुत्र रूपं शून्यता, शून्यतैव रूपम्। रूपान्न पृथक् शून्यता, शून्यताया न
पृथग् रूपम्। यद्रूपं सा शून्यता, या शून्यता तद्रूपम् ॥

iha śāriputra rūpaṃ śūnyatā, śūnyataiva rūpam, rūpānna pṛithak śūnyatā, śūnyatāyā na pṛithag rūpam, yadrūpaṃ sā śūnyatā, yā śūnyatā tadrūpam.

एवमेव वेदनासंज्ञासंस्कारविज्ञानानि च शून्यता ॥
evameva vedanā saṃjnā saṃskāra vijñānāni ca śūnyatā

इहं शारिपुत्र सवर्धमार्ः शून्यतालक्षणा अनुत्पन्ना अनिरुद्धा अमला न विमला अनोना न परिपूणार्ः।
iham śāriputra sarvadharmāḥ śūnyatālakṣaṇā, anutpannā, aniruddhā amalā na vimalā, anonā, na paripūrṇāḥ,

तस्माच्छारिपुत्र शून्यतायां न रूपम्, न वेदना, न संज्ञा, न संस्काराः, न विज्ञ ानानि।
tasmācchāriputra śūnyatāyāṃ na rūpam, na vedanā, na saṃjñā, na saṃskārāḥ, na vijñānāni.

न चक्षुः श्रोत्रघ्राणजिह्वा कायमनांसि, न रूप शब्द गन्ध रस स्प्रष्टव्यधमार्ः।
na cakṣuḥ śrotra ghrāṇa jihvā kāya manāṃsi, na rūpa śabda gandha rasa spraṣṭavya dharmāḥ,

न चक्षुधार्तुयार्वन्न मनोधातुः, न विद्या नाविद्या न विद्याक्षयो नाविद्याक्ष

यो यावन्न जरामरणं न जरामरणक्षयो,

na cakṣurdhātur yāvanna manodhātuḥ , na vidyā nāvidyā na vidyākṣayo nāvidyākṣayo yāvanna jarāmaraṇaṃ na jarāmaraṇa kṣayo,

न दुःखसमुदयनिरोधमागार् न ज्ञानं न प्राप्ति न अप्राप्तिः ॥

na duḥkha samudaya nirodha mārgā na jñānaṃ na prāpti na aprāptih

तस्मात् शारिपुत्र अत्रातित्वाद बोधिसत्त्वस्य प्रज्ञापारमितामाश्रित्य विहरति चित्तावरणः।

tasmāt śāriputra, atrātitvāda bodhisattvasya prajñāpāramitām āśritya viharati cittāvaraṇaḥ,

चित्तावरणनास्तित्वादत्रस्तो विपयार्सातिक्रान्तो निष्ठनिवार्णः प्राप्तः ।

cittāvaraṇa nāstitvād atrasto viparyāsātikrānto niṣṭha nirvāṇaḥ prāptaha,

त्र्यध्व व्यवस्थिताः सवर्बुद्धाः प्रज्ञापारमितामाश्रित्य अनुत्तरां सम्यक्संबोधिमभिसंबुद्धाः ॥

tryadhva vyavasthitāḥ sarvabuddhāḥ prajñāpāramitām āśritya anuttarāṃ samyak-saṃbodhim-abhisaṃbuddhāḥ.

तस्माज्ज्ञातव्यम् प्रज्ञापारमितामहामन्त्रो महाविद्यामन्त्रो अनुत्तरमन्त्रो अ समसममन्त्रः सर्वदुःखप्रशमनः सत्यममिथ्यत्वात् प्रज्ञापारमितायामुक्तो मन्त्रः।

tasmāt jjñātavyam prajñāpāramitā mahāmantro mahāvidyāmantro anuttaramantro asamasamamantraḥ sarvaduḥkhapraśamanaḥ satyam amithyatvāt praj.āpāramitāyām ukto mantraḥ,

तद्यथा - ॐ गते गते पारगते पारसंगते बोधि स्वाहा

Tadyathā- Om Gate Gate Pāragate Pārasaṃgate Bodhi Svāhā

इति प्रज्ञापारमिताहृदयसूत्रं समाप्तम् ॥

iti prajñāpāramitā-hṛdaya-sūtraṃ samāptam.

摩訶般若波羅蜜多心經 (한문본)
마하반야바라밀다심경

觀自在菩薩 行深般若波羅密多時 照見五蘊皆空 度一切苦厄

관자재보살 행심반야바라밀다시 조견오온개공 도일체고액

舍利子 色不異空 空不異色 色卽是空 空卽是色 受想行識 亦復如是

사리자 색불이공 공불이색 색즉시공 공즉시색 수상행식 역부여시

舍利子 是諸法空相 不生不滅 不垢不淨 不增不減

사리자 시제법공상 불생불멸 불구부정 부증불감

是故 空中無色 無受想行識

시고 공중무색 무수상행식

無眼耳鼻舌身意 無色聲香味觸法 無眼界 乃至 無意識界
무안이비설신의 무색성향미촉법 무안계 내지 무의식계

無無明 亦無無明盡 乃至 無老死 亦無老死盡
무무명 역무무명진 내지 무노사 역무노사진

無苦集滅道 無智 亦無得 以無所得故
무고집멸도 무지 역무득 이무소득고

菩提薩陀 依般若波羅密多 故心無罣碍 無罣碍故 無有恐怖 遠離顚倒夢想 究竟涅槃
보리살타 의반야바라밀다 고심무가애 무가애고 무유공포 원리전도몽상 구경열반

三世諸佛依般若波羅密多 故得阿耨多羅三藐三菩提
삼세제불의반야바라밀다 고득아뇩다라삼먁삼보리

故知般若波羅密多 是大神呪 是大明呪 是無上呪 是無等等呪
고지반야바라밀다 시대신주 시대명주 시무상주 시무등등주

能除一切苦 眞實不虛 故說般若波羅密多呪 卽說呪曰

능제일체고 진실불허 고설반야바라밀다주 즉설주왈

揭諦揭諦 波羅揭諦 波羅僧揭諦 菩提 娑婆訶
아제아제 바라아제 바라승아제 모지 사바하

마하반야바라밀다심경 (한글본)

관자재보살이 깊은 반야바라밀다를 행할 때, 오온이 모두 공(空)한 것을 비추어 보고 온갖 고통에서 건너느니라.

사리자여, 물질이 공과 다르지 않으며 공이 색과 다르지 않으며, 색이 곧 공이요 공이 곧 색이니 수상행식도 그러하니라.

사리자여, 이 모든 법은 나지도 않고 멸하지도 않으며, 더럽지도 않고 깨끗하지도 않으며, 늘지도 줄지도 않느니라.

그러므로 공 가운데는 색이 없고 수상행식도 없으며, 안이비설신의도 없고, 색성향미촉법도 없으며, 눈의 경계도 의식의 경계까지도 없으며, 무명도 무명이 다함까지도 없으며, 늙고 죽음도 늙고 죽음이 다함까지도 없고, 고집멸도도 없으며, 지혜도 얻음도 없느니라.

얻을 것이 없는 까닭에 보살은 반야바라밀다를 의지하므로 마음에 걸림이 없고, 걸림이 없으므로 두려움이 없어서 뒤바뀐 헛된 생각을 멀리 떠나 완전한 열반에 들어가며, 삼세의 모든 부처님도 이 반야바라밀다를 의지하므로 최상의 깨달음을 얻느니라.

반야바라밀다는 가장 신비하고 밝은 주문이며, 위없는 주문이며, 무엇과도 견줄 수 없는 주문이니, 온갖 괴로움을 없애고 진실하여 허망하지 않음을 알지니라.

이제 반야바라밀다주를 말하리라.

아제아제 바라아제 바라승아제 모지 사바하 (가자 가자 피안으로 가자. 피안으로 건너가자.)

摩訶般若波羅蜜多心經

마하반야바라밀다심경 (한한합본)

觀自在菩薩 行深般若波羅蜜多時 照見 五蘊皆空 度 一切苦厄

관자재보살이 깊은 반야바라밀다를 행할 때, 오온이 공한 것을 비추어 보고 온갖 고통을 건너느니라.

舍利子 色不異空 空不異色 色卽是空 空卽是色 受想行識亦復如是

사리자여! 색이 공과 다르지 않고, 공이 색과 다르지 않으며, 색이 곧 공이고 공이 곧 색이니, 감각, 생각, 행동, 의식도 그러하니라.

舍利子 是諸法空相 不生不滅 不垢不淨 不增不減

사리자여! 모든 법의 공한 형태는 생겨나지도 없어지지도 않으며, 더럽지도 깨끗하지도 않으며, 늘지도 줄지도 않느니라.

是故 空中無色 無受想行識
그러므로 공 가운데에는 실체가 없고 감각, 생각, 행동, 의식도 없으며,

無眼耳鼻舌身意 無色聲香味觸法 無眼界 乃至 無意識界
눈도, 귀도, 코도, 혀도, 몸도, 의식도 없고,
색깔도, 소리도, 향기도, 맛도, 감촉도, 법도 없으며,
눈의 경계도 의식의 경계까지도 없고,

無無明 亦無無明盡 乃至 無老死 亦無老死盡
무명도 무명이 다함까지도 없으며, 늙고 죽음도 늙고 죽음이 다함까지도 없고,

無苦集滅道 無智亦無得
고집멸도도 없으며, 지혜도 얻음도 없느니라.

以無所得故 菩提薩埵 依般若波羅蜜多故
얻을 것이 없는 까닭에 보리살타는 반야바라밀다를 의지하므로

心無罣礙 無罣礙故 無有恐怖 遠離顚倒夢想 究竟涅槃
마음에 걸림이 없고 걸림이 없으므로 두려움이 없어서, 뒤바

낀 헛된 생각을 멀리 떠나 완전한 열반에 들어가며,

三世諸佛 依般若波羅蜜多故 得阿耨多羅三藐三菩提
삼세의 모든 부처님들도 반야바라밀다에 의지하므로 최상의 깨달음을 얻느니라.

故知 般若波羅蜜多 是大神呪 是大明呪 是無上呪 是無等等呪 能除 一切苦 眞實不虛
그러므로 반야바라밀다는 가장 신비하고 밝은 주문이며 위없는 주문이며 무엇과도 견줄 수 없는 주문이니, 온갖 괴로움을 없애고 진실하여 허망하지 않음을 알지니라.

故說 般若波羅蜜多呪 卽說呪曰
그러므로 반야바라밀다 주문을 말하니 이러하니라.

揭諦揭諦 波羅揭諦 波羅僧揭諦 菩提 娑婆訶
가자 가자 건너가자, 모두 건너가서 무한한 깨달음을 이루자.

이수정 李洙正

일본 도쿄대 대학원 인문과학연구과 철학전문과정 수사 및 박사과정을 수료하고 하이데거 연구로 문학박사 학위를 취득했다. 한국하이데거학회 회장, 국립 창원대 인문과학연구소장 · 인문대학장 · 대학원장, 일본 도쿄대 연구원, 규슈대 강사, 독일 하이델베르크대 · 프라이부르크대 객원교수, 미국 하버드대 방문학자 및 한인연구자협회 회장, 중국 베이징대 · 베이징사범대 외적교수 등을 역임했다. 월간 《순수문학》을 통해 시인으로 등단했고 현재 창원대 철학과 교수로 재직 중이다.

저서로는 *Vom Rätzel des Begriffs*(공저), 《言語と現実》(공저), 《하이데거－그의 생애와 사상》(공저), 《하이데거－그의 물음들을 묻는다》, 《본연의 현상학》, 《인생론 카페》, 《진리 갤러리》, 《인생의 구조》, 《사물 속에서 철학 찾기》, 《공자의 가치들》, 《생각의 산책》, 《편지로 쓴 철학사 I · II》, 《시로 쓴 철학사》, 《알고 보니 문학도 철학이었다》, 《국가의 품격》, 《하이데거－'존재'와 '시간'》, 《노자는 이렇게 말했다》 등이 있고, 시집으로는 《향기의 인연》, 《푸른 시간들》이 있으며, 번역서로는 《현상학의 흐름》, 《해석학의 흐름》, 《근대성의 구조》, 《일본근대철학사》, 《레비나스와 사랑의 현상학》, 《사랑과 거짓말》, 《헤세 그림시집》, 《릴케 그림시집》, 《하이네 그림시집》, 《중국한시 그림시집 I · II》, 《와카 · 하이쿠 · 센류 그림시집》 등이 있다.

부처는 이렇게 말했다

1판 1쇄 인쇄 2020년 11월 25일
1판 1쇄 발행 2020년 11월 30일

지은이 이 수 정
발행인 전 춘 호
발행처 철학과현실사
출판등록 1987년 12월 15일 제300-1987-36호
서울시 종로구 대학로 12길 31
전화번호 579-5908
팩시밀리 572-2830

ISBN 978-89-7775-842-1 03220
값 15,000원